Johannes Bours
Halt an, wo laufst du hin?

Johannes Bours

Halt an, wo laufst du hin?
Bildmeditationen

Herausgegeben und mit einer Einführung
von Paul Deselaers

Herder Freiburg · Basel · Wien

Zugunsten des Bischöflichen Hilfswerks MISEREOR

Alle Rechte vorbehalten – Printed in Germany
© Verlag Herder Freiburg im Breisgau 1990
Herstellung: Freiburger Graphische Betriebe 1990
ISBN 3-451-21835-6

Inhalt

Einführung von Paul Deselaers .. 9

I. BILDER DER SCHÖPFUNG

1. Bilder der Schöpfung 18
(Sarajevo-Haggadah)

2. Das Licht 20
(Jyoti Sahi, Indien)

3. Der Aquädukt 22
(Segovia, Spanien)

4. Der Wasserträger 24
(Parthenonfries, Athen)

5. Krypta 26
(St. Michael, Fulda)

6. Hügel mit Bruchacker bei
Dresden 28
(Caspar David Friedrich)

7. Der Bettler 30
(Ernst Barlach)

8. Königin 32
(Ägypten, Zeit der 18. Dynastie)

9. Das Diadem 34
(Grabbeigabe, Mykene)

10. Goldbecher 42
(Schatzkammer der Königsgräber von Ur)

11. Goldgefäße 44
(Proto-Chimu/Mochica, Peru)

12. Gotteshand und
Menschenhand 46
(Fresko, Katalonien)

13. Erschaffung Adams – I 50
(Nordportal, Chartres)

14. Erschaffung Adams – II 52
(Nordportal, Chartres)

II. LEBENSWEGE – GLAUBENSWEGE

1. Ich plane meine Wege um . . 56
(Max Hunziker)

2. Die Verheißung an Abraham . 61
(Wiener Genesis)

3. Da erschien ihm der Herr im
Feuer 66
(Dietrich Kirsch)

4. Simson mit dem Löwen 68
(Nikolaus von Verdun)

5. Hiob 70
(Jakob Steinhardt)

6. Hieronymus 72
(Leonardo da Vinci)

7. Der Lebensbaum 74
(St. Michael, Hildesheim)

8. Der Lebensbaum – Ausschnitt 76
(St. Michael, Hildesheim)

9. Zachäus klettert auf den
Baum 78
(Reichenauer Evangeliar)

10. Der verlorene Sohn 80
(Rembrandt)

11. Die Ströme, sie überfluten
dich nicht 82
(Ikone, russisch)

12. Die Hand Gottes im
Torbogen der Kirche 84
(San Clemente, Tahull)

13. Und kam sehend zurück . . . 86
(Dietrich Kirsch)

III. BILDER DES ERLÖSERS

1. Engel der Verkündigung . . . 90
(Matthias Grünewald)

2. Verkündigung 92
(St. Viktor, Xanten)

3. Die Heilige Familie 94
(Rembrandt)

4. Josef mit dem Taubenopfer . . 96
(Bronzetür, Dom, Hildesheim)

5. Flucht nach Ägypten 98
(Holztür, Maria im Kapitol, Köln)

6. Christus 100
(Syrisches Evangeliar)

7. Der Hahnenschrei 102
(Otto Dix)

8. Seht, mein Knecht 104
(Tilman Riemenschneider)

9. Die Hand des Gekreuzigten . 106
(Veit Stoß)

10. Der Gekreuzigte 108
(Dom, Mainz)

11. Kruzifix 110
(Neumünster, Würzburg)

12. Die weiße Kreuzigung . . . 112
(Marc Chagall)

13. Kreuzigung 114
(Glasfenster, Königsfelden)

14. Das Geheimnis des Kreuzes . 116
(Priesterseminar, Münster)

15. Josef von Arimathäa erbittet
den Leichnam Jesu von
Pilatus 118
(Koptische Miniatur)

16. Passion 120
(Alfred Manessier)

17. Halleluja 122
(Alfred Manessier)

18. Auferstehung 124
(Ikone, russisch)

19. Jesus und Magdalena am
Grabe 126
(Fresko, Münster, Konstanz)

20. Christus und Thomas 128
(Diptychon, Kloster Hilandar, Athos)

21. Das Wiedersehen 130
(Ernst Barlach)

22. Christus im Glanz der
Dreifaltigkeit 132
(Codex Sci vias)

23. Christus, der Herr 134
(Ikone, griechisch)

24. Pfingsten 136
(Initiale, Buchmalerei)

25. Christus sendet die Jünger aus 138
(Diptychon, Kloster Hilandar, Athos)

26. Kommunion der Jünger 140
(Codex Rossanensis)

27. Der barmherzige Samariter . . 142
(Codex Rossanensis)

**Vom Geheimnis der
Christusbeziehung** 144
Zwei Bilder in meinem Zimmer

28. Das Bild der contemplatio . . 146
Christus-Johannes-Gruppe,
Sigmaringen

29. Das Bild der actio 150
Dieric Bouts, Christophorus

Bildverzeichnis

I. Bilder der Schöpfung

1. Die ersten Tage des Schöpfungswerkes Gottes. 14. Jahrhundert, spanische Buchmalerei („Sarajevo-Haggada"). Sarajevo, Nationalmuseum. – © Aries-Verlag, München.
2. Jyoti Sahi (Indien), Das Licht. Linolschnitt.
3. Aquädukt. Segovia, Spanien. – Foto Garcia Garrabella.
4. Hydrien-Träger. Aus dem Nordfries, vollendet 438 v.Chr. Athen, Parthenon. – Foto Hirmer Verlag, München.
5. Karolingische Rundkrypta mit einer einzigen Mittelsäule jonischer Ordnung. 820/822. Fulda, St. Michael. (Der Fuldaer Abtskatalog zu dieser Säule: „Uno lapide tota domus imminens subterius, uno lapide tota superius conclusa. – Durch einen Stein wird der ganze Bau unten gehalten, durch einen Stein das Ganze oben zusammengeschlossen.") – Foto Wolfgang Müller.
6. Caspar David Friedrich, Hügel mit Bruchacker bei Dresden. Um 1824, Öl auf Leinwand. Hamburger Kunsthalle. – Foto Elke Walford.
7. Ernst Barlach, Der Bettler. 1931, dunkel glänzender Klinker. Bestimmt für Fassade der St. Katharinenkirche in Lübeck, seit 1945 dort aufgestellt. – Foto Hildegard Heise / Deutscher Kunstverlag München.
8. Kopf einer Königin, ägyptisch, 18. Dynastie. Um 1370 v.Chr., brauner Sandstein. Berlin, Staatliche Museen. – Foto Marburg Bildarchiv.
9. Diadem. 1550 v.Chr., Mykene. Athen, Archäologisches Nationalmuseum. – Foto Hannibal, Athen.
10. Goldbecher. Um 2685–2645 v.Chr., 13,4 cm, aus dem Königsfriedhof in Ur. Bagdad, Irak-Museum. – Foto Hirmer Verlag, München.
11. Goldgefäße. 4.–8. Jahrhundert, Proto-Chimu (Mochica). Lambayeque/Peru, Museo Brüning. – Foto Verlag Aurel Bongers, Recklinghausen.
12. Gotteshand und Menschenhand. Spätes 11. Jahrhundert, Fresko. Ausschnitt aus: Steinigung des hl. Stephanus, San Juan de Bohi. Barcelona, Museo de Arte de Cataluña. – Foto Hirmer Verlag, München.
13. Erschaffung Adams. Um 1230. Chartres, Nordportal. – Foto Bildarchiv Herder Freiburg.
14. Erschaffung Adams. Um 1230. Chartres, Nordportal. – Foto Bildarchiv Herder Freiburg.

II. Lebenswege – Glaubenswege

1. Max Hunziker, aus: Neun Lithographien zu Sprüchen aus dem Cherubinischen Wandersmann des Angelus Silesius, Johannes Verlag, Einsiedeln 1955.
2. Verheißung an Abraham. Um 500, Purpurpergament („Wiener Genesis"), Konstantinopel oder Kleinasien. Wien, Österreichische Nationalbibliothek, Cod. theol. gr. 31. – Foto ars liturgica Kunstverlag, Maria Laach.
3. Dietrich Kirsch, Da erschien ihm der Herr im Feuer. Linolschnitt. Aus: Dietrich Kirsch, Begegnung. Kösel-Verlag, München 1959.
4. Nikolaus von Verdun, Simson mit dem Löwen. Um 1180, Email. Klosterneuburg/NÖ, Verduner Altar. – Foto Beuroner Kunstverlag.
5. Jakob Steinhardt, Hiob 1957, Farbholzschnitt.
6. Leonardo da Vinci, Hieronymus. Um 1480, unvollendet. Rom, Pinacoteca Vaticana.
7. Der Lebensbaum. Erstes Feld von Westen (Adam und Eva und der Sündenfall) der bemalten Flachdecke mit Darstellung der Wurzel Jesse. Um 1230/40. Hildesheim, St. Michael. – Foto Wolfgang Müller.
8. Ausschnitt aus II, 7.
9. Initiale I – Der Kletterer. 10. Jahrhundert, Reichenauer Buchmalerei. – © Buch-Kunstverlag Ettal.
10. Rembrandt Harmensz van Rijn, Heimkehr des Verlorenen Sohnes. Um 1668/69. Leningrad, Eremitage.
11. Heiliger Nikolaus von Sarajsk (Der Heilige erscheint Schiffern in Seenot). 15. Jahrhundert, Ikone, Novgoroder Schule. Recklinghausen, Ikonenmuseum.
12. Dietrich Kirsch, Und kam sehend zurück. Linolschnitt. Aus: Dietrich Kirsch, Begegnung. Kösel-Verlag, München 1959.
13. Meister von Tahull, Hand Gottes. Anfang des 12. Jahrhunderts, Fresko aus der Kirche San Clemente, Tahull. Barcelona, Museo de Arte de Cataluña.

III. Bilder des Erlösers

1. Matthias Grünewald, Engel der Verkündigung. 1512/15, Isenheimer Altar. Colmar, Museum Unterlinden.

2. Maria der Verkündigung. Anfang des 14. Jahrhunderts, Chorpfeiler. Xanten, St. Viktor – Foto Walter Hege / Deutscher Kunstverlag, München.
3. Rembrandt Harmensz van Rijn, Die Heilige Familie. Um 1644. Amsterdam, Rijksmuseum.
4. Josef mit dem Taubenopfer. 1015, Bronzetür des Bischofs Bernward. Hildesheim, Dom. – Foto Wehmeyer, Hildesheim.
5. Flucht aus Ägypten. Um 1065, Holztür. Köln, Maria im Kapitol. – Foto Wolfgang Müller.
6. Christus. 586, syrisches Evangeliar, geschaffen in Zabga (Mesopotamien) durch den Mönch Rabula. Florenz, Bibliotheca Laurenziana, Plut. I, 56. – © Buch-Kunstverlag Ettal.
7. Otto Dix, Petrus und der Hahn. 1958, Farblithographie. Foto Verlag der Kunst, Dresden.
8. Tilman Riemenschneider (um 1460–1531), Gnadenstuhl. Berlin, Staatliche Museen. – © Buch-Kunstverlag Ettal.
9. Veit Stoß, Hand des Gekreuzigten. 1520. Nürnberg, St. Sebaldus. – Foto Martin Lagois, Nürnberg.
10. Udenheimer Crucifixus. 2. Hälfte des 12. Jahrhunderts Mainz, Dom. – Foto Ludwig Richter, Mainz.
11. Kruzifix. Mitte des 14. Jahrhunderts, Würzburg, Neumünster. – Foto Zwicker-Berberich, Würzburg.
12. Marc Chagall, Die weiße Kreuzigung. 1938, Öl auf Leinwand. The Art Institute of Chicago. – © VG Bild-Kunst, Bonn 1990.
13. Kreuzigung. 1325/30, Glasmalerei. Königsfelden, Klosterkirche, Fenster in der Mittelachse des Chores.
14. Meister von Osnabrück, Kreuz. Anfang des 16. Jahrhunderts. Münster i. W., Priesterseminar.
15. Josef von Arimathäa erbittet den Leichnam Jesu von Pilatus. 1180, koptische Buchmalerei. Paris, Nationalbibliothek, Ms Copte 13, fol. 131 r. – Foto Verlag Aurel Bongers, Recklinghausen.
16. Alfred Manessier, Passion selon Saint Matthieu. 1948, Farblithographie. – © VG Bild-Kunst, Bonn 1990.
17. Alfred Manessier, Alleluia I. 1952, Farblithographie. – © VG Bild-Kunst, Bonn 1990.
18. Auferstehung. 14. Jahrhundert, Ikone, russisch. Pskov.
19. Jesus und Maria Magdalena am Grabe. Ende des 15. Jahrhunderts, Fresko. Konstanz, Silversterkapelle des Münsters Unserer Lieben Frau. – Foto Beuroner Kunstverlag.
20. Christus und Thomas. Um 1366/71, Diptychon, venezianisch. Berg Athos, Serbisches Kloster Hilandar. – Foto Archiv für Kunst und Geschichte, Berlin.
21. Ernst Barlach, Das Wiedersehen. 1926, Holz. Hamburg, Ernst-Barlach-Haus, Stiftung Reemtsma. – Foto Rembrandt Verlag, Berlin.
22. Christus im Glanz der Dreifaltigkeit. 1141/51, Miniatur aus Codex Sci vias der hl. Hildegard. Zuletzt Wiesbaden, Nassauische Landesbibliothek. – Otto Müller Verlag, Salzburg.
23. Christus der Herr. 17. Jahrhundert, Ikone, griechisch. – Foto Beuroner Kunstverlag.
24. Pfingsten. Initiale. Um 1350, Zisterzienser-Graduale aus dem Kloster Wonnental, Breisgau. Karlsruhe, Badische Landesbibliothek. – Foto Beuroner Kunstverlag.
25. Christus segnet die Jünger. Um 1366/71, Diptychon, venezianisch. Berg Athos, Serbisches Kloster Hilandar. – Foto Archiv für Kunst und Geschichte, Berlin.
26. Kommunion der Jünger. Um 525/30, Purpurpergament (Codex Rossanensis), Konstantinopel oder Kleinasien. Rossano, Museo del Arcivescovado.
27. Der barmherzige Samariter. Wie III, 26. – Foto ars liturgica Kunstverlag, Maria Laach.
28. Christus-Johannes-Gruppe. 1. Hälfte des 14. Jahrhunderts, Sigmaringen. Berlin-Dahlem, Staatliche Museen.
29. Dieric Bouts, Christophorus. Rechter Seitenflügel des Altars „Perle von Brabant". 2. Hälfte des 15. Jahrhunderts. München, Alte Pinakothek. – Foto Joachim Blauel/Arthothek, Peissenberg.

Einführung

Von Paul Deselaers

Was zunächst ohne Publikationsabsicht für den eher privaten Kreis der Studenten im Theologenkonvikt Collegium Borromaeum in Münster gedacht war, hat einen enormen Widerhall und eine nicht zählbare Verbreitung gefunden: Bildmeditationen von Johannes Bours. Vielen ist sein Name nach und nach auf diese Weise begegnet, längst bevor seine Bücher erschienen sind. Die Bildmeditationen als das praktische Modell, bei dem die entsprechende Bildkarte von aufklappbaren Textseiten gerahmt wird, damit das Bild auch beim Lesen des Textes vor Augen sein kann, ist seine Erfindung. Das ist angesichts einer nachgewachsenen Flut von Bildmeditationstexten oft bis hin in die Übernahme der Bildmotive nie deutlich geworden oder auch in Vergessenheit geraten, so daß Johannes Bours manchmal mehr im Scherz sagte: „Ich hätte mir ein Patent darauf geben lassen sollen." Jedenfalls ist diese entwickelte Weise des Umgangs mit Bildern, diese Praktikabilität gerade für wiederholtes Tun seine Pionierarbeit.

Wenn die von ihm selbst über die Jahrzehnte als Einzelexemplare veröffentlichten Bildmeditationen jetzt in Buchform vorgelegt werden, ist das ein Zeitdokument, das einen Einblick in die Frömmigkeitsgeschichte der Nachkriegszeit gibt. Viele Bitten, diese Veröffentlichung zu besorgen, sowie die Absprache mit den Johannes Bours über die Jahre hin vertrauten Menschen stehen dabei im Hintergrund. Ohne die engagierte Begleitung im Verlag Herder durch Herrn Ulrich Schütz, der alle Bücher von Johannes Bours betreut hat, wäre dieses Buch so nicht zustandegekommen.

Die Ursprünge und der Zusammenhang

Wie kam es zu den Bildmeditationen? Der Hintergrund ist die Spiritualstätigkeit von Johannes Bours im Theologenseminar seit 1952. Als solcher hatte er allabendlich in den ‚Puncta Meditationis' Hilfen zur Betrachtung zu geben. Traditionell waren das Wortmeditationen. Johannes Bours bemühte sich, dahinein eine Vielfalt zu bringen. So wurde etwa an einem gleichbleibenden Abend der Woche im Laufe des Semesters das biblische Porträt Abrahams erschlossen, indem die entsprechenden Schriftstellen ausgelegt wurden; an einem anderen Abend wurden etwa aus wichtigen theologischen Aufsätzen Betrachtungspunkte vermittelt; auch geistliche Bücher wie etwa die Tagebuchnotizen „Zeichen am Weg" von Dag Hammarskjöld oder Gedichte von Nelly Sachs u. a. dienten als Basis für solche Serien. Um einem Übergewicht des Wortes und Gedankens allein zu wehren, nahm er das Wort „Be-Sinnung" ernst. Er wollte die Sinne ansprechen und miteinbeziehen. Ein- bis zweimal im Monat legte er der gesamten Hausversammlung so eine Bildmeditation vor, mitunter in Verbindung mit den anderen Anregungen wie etwa zu Abraham.

Für die Ursprünge ist zunächst der Zusammenhang wichtig, zu dem die Bild-Text-Karten eine Erinnerung sein sollten. Die Priesteramtskandidaten aller Jahrgänge, bis zu 150 Personen, saßen in einem abgedunkelten Saal. Eine Vorbemerkung vermittelte kurz notwendige und hilfreiche Daten: wann das Bild entstanden ist, wo es jetzt im Original bzw.

in welchem Zusammenhang es etwa an einem Kirchenportal zu sehen ist, wie es in die Biographie des Künstlers hineingehört, warum dieses Bild für diesen Tag ausgewählt wurde und anderes. Dann wurde das Licht gelöscht, und das Bild wurde als Dia gezeigt. Die Regel war, daß ein Bild gezeigt wurde, gelegentlich ergänzt durch ein verdeutlichendes Detail. Selten diente ein Kontrastbild dazu, das Hauptbild hervorzuheben. Nach einigen Minuten stillen Anschauens sprach Johannes Bours langsam und mit Pausen verweilend einen entsprechenden Meditationstext. Diese Zeit des Schauens und Hörens umfaßte in der Regel 15–20 Minuten. Manchmal klang die Meditation in ein entsprechendes, zum Thema des Bildes passendes Musikstück aus. Abschließend erhielt jeder Teilnehmer das Bild mit dem (in der Druckerei seines Schwagers) gedruckten Meditationstext, damit er die Meditation wiederholt halten und vertiefen konnte – eben jene ‚Bildmeditationen', die in diesem Buch zusammengefaßt sind.

Anhaltspunkte zum Nachsinnen

Dieser Vorgang der Bildmeditation, der ein geistlicher Vorgang werden sollte, insofern die Tiefe des Schauenden in Schwingung gerät, bedarf der Rechenschaft. Johannes Bours hat sich diese Rechenschaft zuvor und im Verlauf immer wieder gegeben[1]. Einige Anhaltspunkte dieses Nachsinnens möchte ich herausheben.

Die eigene Disposition

Eine Bildmeditation darzubieten, braucht die Vorbereitung durch eigenes Sehen, das Training der eigenen Sehgeduld wie auch eine engagierte Kenntnis von Fakten und Zusammenhängen, die ein Bild aus den Ersteindrücken wie „Das gefällt mir" und „Das ist schön" heraushoft. Johannes Bours ist auf der Spur, die schon in kunstgeschichtlichen Studien vor allem in München während des Theologiestudiums grundgelegt und vertieft war, geblieben. Auch als Gemeindeseelsorger hat er Jugendlichen am Ort selbst und auf Fahrten Objekte der Kunstgeschichte weit über jede bloß touristische Wahrnehmung hinaus erschlossen. Die Nachbarschaft von Theologenkonvikt und Museum in Münster war ihm stets ein willkommener Anlaß, das Gesichtsfeld der Studenten zu erweitern. Schon in der Mitte der fünfziger Jahre hat er auf der von ihm versammelten Konferenz der Spirituale in Theologenkonvikten und Priesterseminarien das Thema angesprochen, wie die Kunst und insbesondere das Bild in die geistliche Bildung und in den geistlichen Vollzug der werdenden Priester einbezogen werden kann. Mannigfache Anregungen sind ihm da zuteil geworden und von da ausgegangen. Dazu war er informiert, was an Fachliteratur hilfreich sein konnte. Bei der Suche entsprechender Hilfen bildete sich auch seine Belesenheit auf diesem Gebiet.

Die Herausforderung der Zeit

Nicht alles hat zu jeder Zeit seine Stunde. Es war ein Kennzeichen von Johannes Bours, daß er im Wahr-nehmen der jeweils neuen Theologenjahrgänge bald herausfand, welche (neuen) Möglichkeiten sie kennzeichnete, aber auch, welcher Bedarf sich meldete. Die inzwischen noch gesteigerte visuelle Explosion, von der Jahrgang um Jahrgang stärker geprägt war, beschrieb er schon vor über zwanzig Jahren so: „Wir wissen und erfahren es heute alle, wie das Bewußtsein überflutet wird von einer Unmenge diskontinuierlicher Sinneseindrücke. Aber zugleich verkümmert das meditative Vermögen, Innenbilder zur Gestalt werden zu lassen. Es ist keine Zeit, keine Ruhe, keine Geduld, sich so zu bescheiden, daß eine Erfahrung, von der man wohl ahnt, daß sie bedeutungsvoll sein könnte, Einlaß finden kann in jene Tiefe, in der sie ‚ein Bild in der Seele machen kann'."[2] Er greift auch gerne auf ein anderes Goethe-Wort zurück, um die Not und die Herausforderung der Zeit zu beschreiben: „Tausend Menschen ist die Welt ein Raritätenkasten, die Bilder gaukeln vorüber und verschwinden, die Eindrücke bleiben flach und einzeln in der Seele." Darauf wollte er aufmerksam und schöpferisch reagieren. Andererseits war in der vorkonziliaren Zeit ein Überdruß an Wort und Gedanken nachhaltig zu spüren, zumal eine herkömmliche Spiritualität allzuoft intellektualistische und moralistische Engführungen aufwies. Wo mancher für das Wort und seinen Reichtum taub geworden war, konnte vielleicht durch Bilder ein Zugang eröffnet werden. Alle Religiosität lebt von Metaphern und Symbolen. Diese Grundeinsicht führte gegensteuernd zur Arbeit mit den Bildmeditationen, freilich auch zu einem behutsamen Umgang mit dem Wort in der Schule der Dichter und Dichterinnen. Bestärkt und beflügelt zugleich wurde Johannes Bours durchaus von dem Entwurf einer theologischen Ästhetik, wie ihn Hans Urs von Balthasar in dem vielbändigen Werk „Herrlichkeit"[3] vorgelegt hat, nicht zuletzt aus dem persönlichen Gespräch mit ihm.

Ein Verstehensversuch

Anliegen von Johannes Bours war es, daß die Bildmeditation zur Tiefenmeditation werden konnte. „Mit Tiefenmeditation ist, in Abhebung von der mehr diskursiv und aktiv von Punkt zu Punkt voranschreitenden Betrachtung, jene Weise der Meditation gemeint, die sich in einer ganzheitlichen Zuwendung mit den sinnenhaften und geistigen Kräften öffnet in einem verweilenden Hören und Schauen und in der Tiefe der Seele (in der Erlebnisschicht) zu einer Begegnung, Berührung, Erfahrung, Einigung führt."[4] Im Hintergrund dieser Beschreibung steht eine Art ‚psychologischer Ortsbestimmung' der Meditation, die sich auf den ‚Aufbau der Person' bezieht, wie er vor allem von Philipp Lersch und August Vetter beschrieben wurde[5]. Das entsprechende, mit allen Vorbehalten von Johannes Bours zur Erklärung herangezogene Strukturschema[6] weist drei Schichten auf: die *Lebensgrundschicht,* in der – nach der Terminologie von C. G. Jung – das persönliche und kollektive Unbewußte als Schatzkammer der bildhaften Urerinnerungen beheimatet ist. Die mittlere Ebene ist die des *Erlebnisbewußtseins,* in der die unmittelbare Erfahrung und die Intuition, jeweils gespeist, getragen und geformt von den beiden anderen Schichten, angesiedelt sind. Die dritte Schicht wird als *Denkbewußtsein* bezeichnet. Es ist als rationales Denken in seinen unterschiedlichen Spielarten gekennzeichnet. Dieser Versuch der Erklärungshilfe war leitend, um die Bildmeditation auch praktisch weiterzuentwickeln. Denn die ‚mittlere Ebene', die der Bereich der Meditation ist, muß mit den beiden anderen Ebenen kommunizieren, damit eine Erfahrung lebensleitend werden kann und nicht im bloßen Denken schließlich zerrinnt oder im noch nicht gestalteten Material der Lebensgrundschicht untergeht.

‚Im Bilde sein'

Bildmeditation ist demnach durch und durch etwas anderes als ein Bild anschauen. Sie verträgt keine bloßen Zuschauer. Es geht darum, ‚im Bilde zu sein'. Doch was geschieht in dem Vorgang, den die kostbare sprachliche Wendung nahelegt? Im Anschauen des Bildes geht es zunächst darum, nach der spontanen Wahrnehmung das Bild in seiner Eigenaussage zu erkunden und gelten zu lassen. Dafür ist wichtig, daß ich mir von den Formen und Farben, von Details und dem Zusammenhang, von der Grammatik des Bildes her eine Wirklichkeit in ihrer Eigenständigkeit und Widerständigkeit zeigen lasse, die für mich bislang noch unentdeckt ist, die im Blick und Werk des Künstlers jedoch Gestalt gewonnen hat und damit etwas vom vielförmigen Gesicht des Lebens widerspiegelt. Diese vorgegebene, objektive Wirklichkeit im Bild möchte nun hergeben, was sich in ihr verdichtet hat und was sich in ihr niedergeschlagen hat von dem, woran sie Anteil hat. Im Schauen wird sie sich mehr und mehr hinüberfragen, ob und bis ich mich selbst vom Bild anschauen lasse und beginne, mein Leben und meine Welt auf-klären zu lassen und zu begreifen, wie ich mein Leben auf das Bild und seine Botschaft abstimmen kann. Darin wird zugleich eine Kraft und ein Reichtum lebendig. „Wenn der mit der rezeptiven Ein-Bildungskraft von außen aufgenommene Wahrnehmungseindruck einsinken kann in die Tiefe des Mittelbereiches, so vermag er die Innenbilder, ja die Urbilder zu wecken..."[7] Hier wird die Lebensgrundschicht tätig und belebt wie in den Träumen die inneren Bilder. In dieser Spannung von objektiver und subjektiver Wirklichkeit beginnt nun ein Prozeß schöpferischer Aneignung. „Der konkrete Wahrnehmungseindruck... kann, wenn die produktive ‚Aus-Bildungskraft' ausreicht, zu einer neuen eigenen Schöpfung werden, wie es bei jedem künstlerischen Prozeß geschieht."[8]

Um diesen Vorgang geht es in der Bildmeditation. In der schöpferischen Teilnahme an der von außen und von innen kommenden Bildwelt soll ich mich selbst anschauen (lernen) und mir die Augen öffnen lassen für das, was ‚dahinter' ist, um so im Bannkreis der heilenden Kraft des Bildes meine eigene Originalität neu zu entdecken und zugleich des heiligen Gottes ansichtig zu werden – und darin eben des Lebensplanes, der mich von ihm her erwartet, seiner Offenbarung für mich. Auf diese Weise könnte der ursprüngliche Platz der Bilder zur Geltung kommen, so daß sie weder allein dem ästhetischen Genuß dienen noch zum Anschauungsmaterial für längst Gewußtes benutzt werden. Das Bild hat und gibt Anteil an dem paradoxen, geheimnisvollen Geschehen, in dem der unsichtbare Gott sich dennoch sehen läßt – für den Menschen, dem es zuteil wird, ‚im Bilde zu sein' und ‚dahinter' zu sehen. Das Bild möchte Anhaltspunkt sein, an dem uns aufgehen kann, wer Gott für uns ist und was er will. Doch dazu braucht es eine Sehgeduld. Das angedeutete Schema will ein Anstoß sein, diesen Vorgang zu ahnen und sich entsprechend disponieren zu können. Dabei soll zugleich unmißverständlich betont werden, daß der innere Zusammenhang zwischen Bildmeditation und Glaubenserfahrung einer theologisch klaren Ausarbeitung bedarf, daß auch die sich durchziehende Spannung von Bilderverbot und Bilderverehrung in Betracht gezogen werden muß. Denn Bildmeditationen möchten eine Hilfe für den Glaubensweg sein.

Bildkriterien

Freilich kommt es längst nicht jedem Bild zu, in diesen Prozeß einbezogen zu werden. Johannes Bours hat verschiedene Voraussetzungen für Bilder benannt, die sich für die Tiefenmeditation im angedeuteten Sinn eignen können, und sie lassen sich an seinen Bildmeditationen nachvollziehen. 1. „Das Bild soll für die Altersphase der Betrachter geeignet sein."[9] 2. Die für die Tiefenmeditation gewählten Bilder sollen „nicht das Chaotische und Verworrene in der Tiefe der Seele wecken und verstärken, sondern das Heile". Deswegen sollten sie auch „einfach (symbolhaft) sein"; 3. „heilend sein"; 4. „die Begegnung mit dem Meditierenden ermöglichen (‚sich zurückbesinnend auf sich selbst', Ignatius von Loyola)"; 5. „einen Vorgang von verhaltener Dynamik darstellen"[10]. Wer Bilder aufnimmt, wird erspüren, daß sie unauslotbar sind, zumal wenn sie wiederholt meditiert werden. Das vorliegende Buch möchte diesen Momenten der Rechenschaft im Bewußtsein, daß manche Frage einer Vertiefung bedarf und sich im Laufe der letzten Jahre auch klarer herausgeschält hat, Rechnung tragen.

Titel und Gliederung

Der Titel greift auf die Meditation der bildlichen Gestaltung eines Wortes von Angelus Silesius zurück: „Halt an, wo laufst du hin, der Himmel ist in dir; / suchst du Gott anderswo, du fehlst ihn für und für." Mit dem ersten Halbvers dieses Spruchs ist ein Anliegen im Titel aufgenommen, das ganz in die Anfänge der Arbeit mit Bildmeditationen zurückgeht, nämlich zu einem gelingenden, d. h. auch vertrauensvoll-lebendigen Leben mit sich selbst, mit den Menschen und mit Gott zu verhelfen. Dieses Gelingen braucht eine bewußte Gegensteuerung gegen die Überflutung durch äußere Eindrücke und gegen die damit verbundene Oberflächlichkeit. So wird zugleich die prophetische Qualität dieses Wortes verstärkt, die eine nüchterne Feststellung von Pascal verdeutlichen kann: „Wir rennen unbekümmert in den Abgrund, nachdem wir irgend etwas vor uns hingestellt haben, das uns hindern soll, ihn zu sehen." Bildmeditationen möchten ‚sehend' machen und auf die

Möglichkeiten verweisen, die einladen, daß wir uns diesem Leben anvertrauen.

Den ‚Ort' eines jeden Menschen in der Grundspannung von Schöpfung und Erlösung möchte die Gliederung beschreiben. Gerade an sehens-würdigen Bildern kann aufscheinen, was Paulus im Römerbrief im Hinblick auf die Lebenswende des Menschen zum Glauben an den Gott Jesu Christi schreibt: „... da ja das Erkennbare an Gott unter ihnen zum Vorschein gekommen ist; denn Gott hat es unter ihnen zum Vorschein gebracht. Das Unsichtbare an ihm wird ja als Begreifbares seit Weltschöpfung an den Werken eingesehen: nämlich seine ewige Kraft und Göttlichkeit" (Röm 1, 19 f).[11] Vom tiefsten Grund her die Wirklichkeit zu erfassen und anders zu sehen, zu dieser Tiefenschau möchte die Bildmeditation hinleiten. Sie möchte vermitteln, Gottes Gegenwart in der Welt wahrzunehmen, weil dadurch alles etwas zu sagen hat. Insofern stehen die *„Bilder der Schöpfung"* maßgebend am Beginn. Sie finden ihre Fortsetzung in Bildern, die *„Lebenswege – Glaubenswege"* zum Thema haben. Es sind Bilder, in denen neues Sehen und somit neues Leben sich zum Betrachter hin vermittelt. Seit Beginn der Christenheit sind die Lebensbilder der großen Gestalten des Alten Testamentes ein Bild für den eigenen Weg zu Gott: Abraham, Mose, Simson, Hiob ... In ihnen und den vielen anderen ist mehr von uns verborgen, als wir auf den ‚ersten Blick' ahnen. In sie ist eingeflossen, was jeden Menschen angeht, was jeden Christen angeht. In der Begegnung mit diesen Bildern kann mir selbst Leben erneuert werden, kann neues Leben in meine Gegenwart reichen.

Den größten Anteil übernehmen die *„Bilder des Erlösers"*. Das ist nicht nur quantitativ gemeint, sondern geht vor allem auch die Tiefendimension der Bilder an. Kurz vor seinem Tod sprach Johannes Bours anläßlich des Goldenen Priesterjubiläums für die Mitbrüder seines Weihejahrgangs in einem Rückblick das so an: „Die Medien stellen heute das Christentum in unserer Zeit des Pluralismus hin als eines neben vielen anderen. Meine Erfahrung ist absolut gegensätzlich: Alles, was ich in meinem Leben kennengelernt habe an Religion, Weltanschauung, Philosophien, Sinnangeboten usw., verblaßt und verstummt gegenüber dem Einzigen: Jesus Christus, dem Gekreuzigten und Auferstandenen, der in seiner Kirche lebt."[12] So ist auch der Brennpunkt der Bildmeditationen Jesus Christus. Die vielen Vorgänge des Sehens und auch der Hilflosigkeit im Sehen wollen schließlich dahin leiten, Jesus Christus zu schauen. In ihm läßt sich der unsichtbare Gott sehen, und so ist Jesus Christus „das Bild des unsichtbaren Gottes" (Kol 1, 15). Johannes Bours hat uns das immer wieder ins Herz gelegt: Jesus Christus ist die Ikone Gottes! Alles Sprechen von und alles Bekenntnis zum Gott Jesu Christi bekommt sein Maß von daher: „Wer mich gesehen hat, hat den Vater gesehen" (Joh 14, 9). Die Bilder vom Leben, vom Tod und der Auferweckung zeigen die bleibende Vollmacht des Erlösers Jesus Christus, auf die alle lebendig verweisen sollen, die zu ihm gehören. Das wird in dem Maße geschehen, als sie auf den Herrn schauen. Darin wird dann schließlich jener andere Prozeß in Gang gesetzt, der in 2 Kor 3, 18 angedeutet wird: „Wir alle spiegeln mit enthülltem Angesicht die Herrlichkeit des Herrn wider und werden so in sein eigenes Bild verwandelt, von Herrlichkeit zu Herrlichkeit, durch den Geist des Herrn." Das Sehen Jesu Christi, für das die Bilder und Worte ‚goldene Brücken' sein können, verwandelt in einer Tiefe (s. Joh 20, 29), die keine noch so strenge Aszese erreichen kann. Denn was ich gesehen habe, das führt mich in die Konsequenz und Verpflichtung, im biblischen Sinn in die Sendung [13]. Wo ich im Sehen das ‚Dahinter' wahrnehme, bringt das neue Sehen zugleich auch neue Lesarten des Lebens hervor. Nichts leitet dabei wohl so wie eben Bilder. Deswegen ist in dem staunenswerten Spektrum der Bilder, die Johannes Bours vorgelegt hat, auch seine letzte Veröffentlichung zu Bildern aus dem Jahre 1983 aufgenommen worden. Sie bildet den Ausklang. In ihr geht es um die über Bilder vermittelte Christusbeziehung und die ihr innewohnende Spannung von ‚Christus wahr-nehmen' und ‚Christus darstellen'. So möchte dieses Buch eine Einladung sein, in diese Spannung hineinzugehen.

Anmerkungen

[1] Vgl. dazu: Johannes Bours, Von naturaler zu christlicher Meditation, in: Lebendige Seelsorge 18 (1967) 238–244 (im folgenden: Meditation); Ders., Bildmeditation. Erfahrungen zur Praxis, in: Strukturen christlicher Existenz. Beiträge zur Erneuerung des geistlichen Lebens, Festgabe für Friedrich Wulf SJ, hrsg. von H. Schlier, E. v. Severus, J. Sudbrack, A. Pereira, Würzburg 1968, 223–232 (im folgenden: Bildmeditation).
[2] J. Bours, Meditation 242f; die Goethezitate sind aus: ‚Italienische Reise' und ‚Tagebuch der Schweizerreise'. Vgl. Johannes Bours, Der Mensch wird des Wegs geführt, den er wählt. Geistliches Lesebuch, Freiburg ⁴1988, 173–179 178.
[3] Einsiedeln 1961 ff.
[4] J. Bours, Bildmeditation 224.
[5] Philipp Lersch, Aufbau der Person, München ⁶1953; August Vetter, Personale Anthropologie. Aufriß der humanen Struktur, München 1966.
[6] J. Bours, Meditation 240.
[7] Ebd. 242.
[8] Ebd.
[9] J. Bours, Bildmeditation 223.
[10] Siehe dazu: J. Bours, Bildmeditation 224; Meditation 242.
[11] Nach: Das Neue Testament, übersetzt von Fridolin Stier, München-Düsseldorf 1989.
[12] Vgl. Kirche und Leben. Bistumszeitung Münster, Nr. 45/1987, 6.
[13] Vgl. J. Bours, Bildmeditation 225: „Es geht um ein Aufnehmen, aus dem als Frucht Entscheidung, Antwort und Sendung hervorgehen können."

I Bilder der Schöpfung

Bilder der Schöpfung

Sarajevo-Haggadah

Das Bild ist aus einem jüdischen Buch des 14. Jahrhunderts. Man muß die Reihenfolge der Bilder von rechts nach links sehen, wie es der hebräischen Schrift entspricht.

Erstes Bild

Die Erde war wüst und leer. Finsternis lag über dem Urmeer, und ein Gottessturm schwebte über der Wasserfläche. Gen 1, 2

Die Flammen zittern über dem Chaos. Große Geheimniskraft.

Über dem Chaos, über den Abgründen der Welt – Gottes Geist.

Über dem Chaos, über den Abgründen meines Daseins – Gottes Geist.

Zweites Bild

Da sprach Gott: Es werde Licht! Und es ward Licht. Gott sah das Licht, daß es gut war. Dann schied Gott zwischen dem Licht und der Finsternis. Gen 1, 3–4

Nun spannen sich, wie in den folgenden Bildern, große Bögen über der Welt: Das Chaos ist besiegt. Ordnung, Zusammenfassung, Bergung ist da.

Licht und Finsternis in der Welt – Gott ist größer!

Licht und Schatten meines Lebens – Gott ist größer!

Drittes Bild

Dann sprach Gott: Es werde ein Firmament inmitten der Wasser und scheide zwischen Wasser und Wasser! Und es geschah so. Gen 1, 6

Der Gottessturm des ersten Bildes ist nun zu einer anderen Gestalt geworden: Richtung und Zuwendung, wie eine kraftvolle Sonne.

Die Zuwendung Gottes!

Viertes Bild

Dann sprach Gott: Das Wasser unterhalb des Himmels sammle sich an einem Ort, daß das Trockene sichtbar werde. Und so geschah es. Und Gott nannte das Trockene Erde, die Ansammlung des Wassers Meer. Und Gott sah, daß es gut war. Dann sprach Gott: Aufgrünen lasse die Erde Grünes und Fruchtbäume, die Früchte tragen nach ihrer Art. Gen 1, 9–11

Gott ist der Gott des Lebens!
Für die Welt.
Für mich.

Gepriesen sei, der da sprach,
und es ward die Welt,
gepriesen der Schöpfer des Anfangs.
Gepriesen sei, der sich der Erde erbarmt,
gepriesen, der sich der Geschöpfe erbarmt.

Jüdisches Gebetbuch

Das Licht

Iyoti Sahi, Indien

Das Antlitz, der ganze Mensch – gesammelt; dem Licht zugewandt. Das Licht leuchtet demütig von der Erde her. Dunkelheit ringsum.

Aber das Licht ist da! Es ist nicht grelles Licht. Es leuchtet mild. Wie schützend breitet der Mensch das Gewand aus um das Licht. Wie um es aufzunehmen, einzusammeln.

Muß es bewahrt werden? Kann es erlöschen? Kann die Dunkelheit es ersticken?

In mir ist Dunkelheit. – Nehme ich das Licht auf? Lasse ich es ein?

Ich möchte es in mich aufnehmen. Daß es in mir aufsteigen kann, in mir sich ausbreite, mich erleuchte, das Dunkle vertreibe!

Demütiges Licht, leuchte in mir!

Um mich ist Dunkelheit. Ich muß das Licht sammeln, damit es weiter leuchten kann.

Reines Licht, erleuchte mich ganz: leuchte durch mein Leben! „Bleibe bei mir, daß ich anfangen kann, Licht zu werden und anderen zu leuchten!" (Newman)

Und das Licht leuchtet in der Finsternis, doch die Finsternis hat es nicht ergriffen. Joh 1, 5

Noch eine kleine Weile ist das Licht unter euch. Wandelt, solange ihr das Licht habt, damit euch die Finsternis nicht überfalle.
Joh 12, 35

Solange ihr das Licht habt, glaubt an das Licht, damit ihr Kinder des Lichtes werdet.
Joh 12, 36

Wer die Wahrheit tut, der kommt zum Licht.
Joh 3, 21

Reines Licht, leuchte in der Welt.
Wärme die Welt.
Vertreibe die Finsternis.
Sei Licht den Suchenden.
Sei Licht den Sündern.
Sei Licht den Entschlafenen.
Sei Licht auf dem Antlitz des Bruders.
Sei Licht auf dem Antlitz der Schöpfung.

In Betlehem leuchtete das Licht von der Erde auf. Einmal wird sein österlicher Glanz alle Schöpfung verklären. Dazwischen ist die Zeit der Verborgenheit.

Wir haben das prophetische Wort, und ihr tut gut, darauf zu achten wie auf eine Leuchte, die in der Dunkelheit scheint, bis der Tag anspricht und der Morgenstern aufgeht in euren Herzen. 2 Petr 1, 19

Das Bild will mir helfen, ruhig und gesammelt zu werden; den Krampf der Anstrengung zu lösen; die Unrast abzutun; in mir Offenheit, Glaube, Zugewandtheit zu bereiten.

Wenn die Meditation meine eigene werden soll, muß ich dieses Bild in seiner Konkretheit gleichsam vergessen: im inneren Bild muß die Wirklichkeit in mir selbst neu werden: Das Licht ist da in der Dunkelheit!

Der Aquädukt

Segovia, Spanien

Wasser ist den Völkern des Südens kostbar. Die Alten leiteten es über Aquädukte; sie hoben es ins Licht, ließen es unter dem Himmel über alle Sümpfe und Täler zu den Menschen hinfließen. Wie ein Lobgesang auf das Wasser ist dies.

Bögen in der Nacht, helle Bögen. Monumental, doch im Rhythmus der Bewegung von Bogen zu Bogen. Schön, über den nützlichen Dienst hinaus.

Die Bögen geleiten den Blick. Woher kommen sie, wohin gehen sie? Eine Quelle... ein Ufer... der dürstende Mund.

Hinter den Bögen die Nacht. Ist dies Werk wie ein Zeichen von Hoffnung? Wie ein Zeichen von Sinn? Die Nacht – Zeit und Natur. Aber dies Menschenwerk mündet in sein Ziel.

Die gefügten Quadern, das Ganze sehr gegründet – die Hoffnung, daß es Bestand haben würde, daß kein Feind und keine Katastrophe zerstörend über es käme, daß Frieden sein würde und gute Zukunft.

Etwas Geheimnisvolles liegt in diesem Bild. Kein Mensch ist zu sehen. Aber es rührt an den Menschensinn. Das Auge verweilt und fragt: Wohin?

Der Wasserträger

Parthenonfries, Athen

Ein Antlitz – auf den Weg gerichtet und zugleich in sich gekehrt. Um Auge und Mund ein Zug von Melancholie. Er trägt den Wasserkrug; Wasser ist kostbares Lebenselement im südlichen Land, das unentbehrlichste. Der angewinkelte Arm unterstützt die tragende Schulter, von der der große Faltenwurf des Gewandes geht wie dahinströmendes Wasser.

Das Fragmentarische steigert die Intensität des Ausdrucks.

Ist er einer auf der unabsehbaren Straße des Fragens:

Wohin gehe ich?
Wer bin ich?
Ein Alltagsdienst wird transparent.

Vielleicht stellen wir das Bild vor uns hin, schauen es an, lange Zeit, lassen es auf uns zukommen, überlassen uns seiner Ausstrahlung. Wir sind da vor diesem Bild, so etwa wie wir absichtslos und hingegeben Musik hören. Wir brauchen keine Gedanken und Einfälle zu registrieren, brauchen nachher nicht mehr zu „wissen"; aber vielleicht wandelt sich etwas in uns, gehen wir selber anders auf unseren Weg.

Krypta

St. Michael, Fulda

Über dieser weit über tausend Jahre alten Krypta erhebt sich der Rundbau der Michaeliskirche. Diese einzige Säule trägt den ganzen Bau. Sie wird Christussäule genannt. Der diese Säule zum ersten Mal so genannt hat, hat in diesem Namen etwas ausgesagt von seinem Christusglauben. Wenn man oben in der Kirche steht, ahnt man nichts von dieser Kraft, die verborgen in der Tiefe alles trägt. Würde man diese Säule zerstören, würde alles zusammenstürzen.

Dieses Bild kann mir einen Impuls zur Meditation geben:

Christus – in der Welt.
Christus – in der Kirche.
Christus – in meinem Leben.

In der Meditation muß das Bild in seiner Konkretheit zurücktreten. Ich habe es angeschaut, nun schließe ich vor ihm gleichsam die Augen, die nach außen schauen: In mir lasse ich – in einer bittenden Offenheit, aber auch in demütiger Wahrhaftigkeit – die Wirklichkeit der Glaubensoffenbarung zu, die dieses Bild erwecken möchte.

Vielleicht steht am Ende dieser Meditation die entscheidende Frage neu vor meiner Seele:

Wer ist Christus für mich?

Siehe, ich stelle in Zion einen auserwählten Stein auf, einen Eckstein, den ich in Ehren halte; wer an ihn glaubt, geht nicht zugrunde.
1 Petr 2,6

Ob aber jemand auf dem Grund weiterbaut mit Gold, Silber, kostbaren Steinen, mit Holz, Heu oder Stroh: das Werk eines jeden wird offenbar werden; jener Tag wird es sichtbar machen. Das Feuer wird prüfen, was das Werk eines jeden taugt.
1 Kor 3,12–13

Hügel mit Bruchacker bei Dresden

Caspar David Friedrich

Hinter dem Hügel erscheinen die Türme der Stadt. Im Dunst des Abendlichtes große Weite.

Von der Seite bricht der schwarze Krähenschwarm ein, auf den frischgepflügten Acker, über dem schon ein Schleier von beginnender Dunkelheit liegt.

Kein Mensch ist da. Ich selber – werde ich hineingelockt, auf den Hügel zu steigen, zu schauen, was dahinter sich breitet?

Die Bäume, ein bizarres Geflecht von Ästen vor der Weite, fingrig in den Himmel greifend. Durch die Bäume hindurch wird der Blick auf die Türme der Stadt gelenkt.

Einer sagte: Ich sehe die Erde, den ruhigen Grund, den bereiteten Acker, der auf Saat und Leben wartet. Es ist mir als tauche die Stadt aus der Tiefe auf, immer mehr ins Licht. Ich sehe vor allem die Weite im Licht ...

Ein anderer aber sagte: Die Bäume geben der Stadt eine unheimliche Krone. Ist da ein Drohendes in dem Licht? Ist das wie ein Gelb, aus dem Wetterleuchten kommt? Vorboten eines Unheils? Ich sehe die Stadt – versinkend: bodenlose Vergänglichkeit ...

Hundertzwanzig Jahre, nachdem dieses Bild gemalt wurde, in der Nacht vom 12. zum 13. Februar 1945 wurde diese Stadt auf die schrecklichste Weise zerstört, starben in ihr die Menschen einen schrecklichen Feuertod.

Ein Dritter sagte: Dieser Hügel mit den Bäumen über der Stadt erinnert mich an Golgota mit seinen Kreuzen ... Jerusalem. Karfreitagabend. Karsamstag.

Ist es ein Bild des Durchblicks? Im Glauben kann es transparent werden: auf das österliche Morgenlicht hin. Auf die Friedensstadt hin. Auf eine Weite hin, die keine Grenzen hat.

Da entrückte er mich im Geiste auf einen großen, hohen Berg und zeigte mir die heilige Stadt Jerusalem, die von Gott her aus dem Himmel herabsteigt.
Sie war bereit wie eine Braut, die sich für ihren Mann geschmückt hat. Da hörte ich eine laute Stimme rufen:
Seht das Zelt Gottes unter den Menschen!
Er wird in ihrer Mitte wohnen,
und sie werden sein Volk sein;
und Gott selbst wird mit ihnen sein.
Er wird jede Träne
aus ihren Augen wischen:
Der Tod wird nicht mehr sein,
nicht Tränen noch Klage noch Mühsal.
Denn die alte Welt ist vergangen.
Offb 21, 10.2–4

Können wir mittun, daß schon jetzt etwas entrissen wird dem Sog der Vergänglichkeit, dem Untergang?

Alles, was wir in Liebe getan haben, bleibt!

Der Bettler

Ernst Barlach

Ist dies ein Bettler, der von den Menschen eine Gabe haben will? Ja, er wartet auf eine Gabe, aber er ist ein Bettler zu einem anderen hin. Der weit zu sein scheint und der doch da ist. Zu dem sein Blick mit Gewißheit hingeht. Fast möchte man sagen: Hier ist die „Würde des Bettlers" dargestellt, ein Wissender, der mehr weiß als seinen Hunger. Weiß er, daß ein Angesehensein geschenkt werden kann, ein anderes als das der Vorübergehenden? Berührt ihn noch ihre Verachtung? Hier ist kein Verzweifelter. Vielleicht könnte man das Bild, das für die Fassade einer Kirche bestimmt ist, auch nennen: das Geheimnis des Bettlers! Und dies Geheimnis könnte sein: das Erahnen des „Selig!", „Selig, die ihr jetzt arm seid!"

Nicht sein Elend, etwas anderes macht uns an diesem Mann betroffen. Auf diesem Antlitz, schon vom Licht erhellt, liegt, in allem Elend, ein verborgenes Lächeln.

Dieser Bettler an der Wand der Kirche ist da für die Vorübergehenden und für die Eintretenden: damit sie nicht vergessen, was sie selber sind, was sie selber sein müssen vor Ihm. Und nicht nur vor Ihm – auch vor anderen: bedürftig, angewiesen ... Das ist nicht nur meine Not, sondern auch meine Würde, Bettler zu sein.

Dieses Bild will den Vorübergehenden und den Eintretenden etwas sagen, was wichtig ist für sie auf Leben und Tod! Den Stolzen und Überheblichen. Den Gleichgültigen und Gedankenlosen. Den Hartherzigen. Den Elenden, die verbittert sind und verzweifeln wollen. Den Elenden, die im Trotz sich verhärten. Und den wahrhaft Armen.

Gibt es heute noch solche Bettler bei uns? „Arme habt ihr allezeit bei euch" – ob das nicht mehr gilt? Die Elenden und Hungernden auf der Welt. Und unmittelbar neben mir: dieses verborgene Elend, das kein Bettlerantlitz hat. Die Einsamkeit, die Unfreiheit, die Angst, das ewige Unterlegensein, die Leere, das Ungeliebtsein, das tägliche Schimpfen, der vergiftende Haß, die beleidigende Gleichgültigkeit ... „Ich habe keinen Menschen", so klagt der Gelähmte am Teich Betesda (Joh 5,7). Geh nicht vorüber, sagt das Bild zu uns hin.

„Da ging Jesus vorüber", so heißt es im Evangelium (Mt 9,27).
Aber *sein Vorübergang* ist die Rettung:

„Was willst du, daß ich dir tun soll?
Geh, dein Glaube hat dir geholfen."

Mk 10,51.52

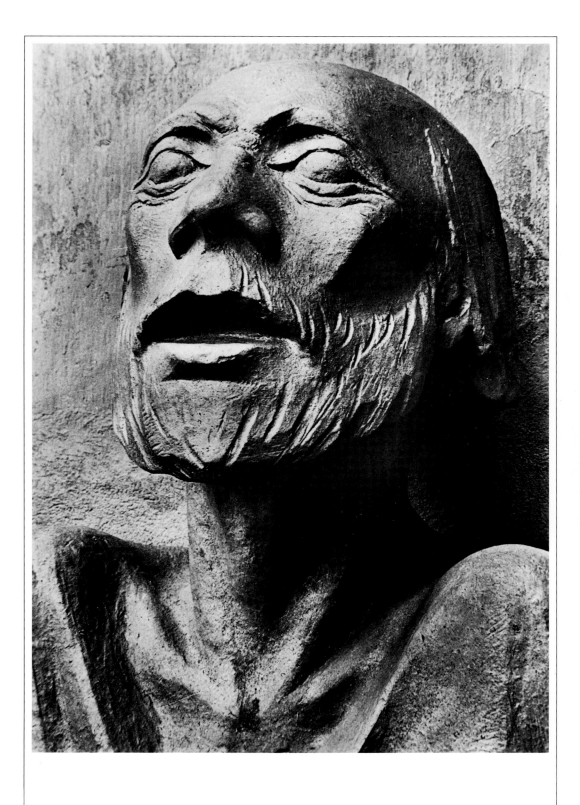

Königin

Ägypten, Zeit der 18. Dynastie

Dieses Antlitz, nun seines Kopfschmuckes entkleidet, ist schön, weil nichts Vordergründiges darin ist. Ein vom Jenseitigen her gesammeltes Gesicht. Die Augen dieser Königin haben Feste erlebt, Kriege geschaut, den Gegensatz zwischen Reich und Arm. Sie ist verehrt worden, einer Göttin gleichgeachtet. Alles dies hat diesem Antlitz Spuren eingesenkt. Aber das Besondere an diesem Gesicht sind die Augen. Sie sind nicht geschlossen, aber sie sind mehr nach innen als nach außen gerichtet. Sie durchschauen den Wandel der Dinge, gelassen alles Draußen loslassend – und doch mit hineinnehmend, es bergend in einem Abgrund, über den man nicht spricht.

Was diese Augen inwendig schauen, ist uralt, und die Entschlossenheit, in diese Urlandschaft hineinzugehen, macht dieses Antlitz sehr reif.

Wenn man in den ägyptischen Totenbüchern liest, wird deutlich: Diese Gestalt liegt nicht, sie schreitet, wandert traumhaft durch alle Bereiche dem Licht und der Wahrheit entgegen. Man sieht diesem Antlitz an, daß es ein Ziel hat ...

Viele Totenhymnen beginnen: „Man ruft dich, hörst du nicht?" Und dann geht es weiter: Hier ist der erste Saal, hier der zweite Saal ..., überall geschieht etwas an der wandernden Seele. Und im siebten Saal heißt es dann: „Nun schaust du die weiten Räume des Himmels, wo Reinheit herrscht, die dein Herz sucht." Und dann: „Nun gelang ich zum Ort: er ward mir bestimmt. Das Haupt geziert mit einer Krone, durchschreite ich die Pforte. O du Gottheit, dessen Name Geheimnis! Erfahre: Ich bin der heilige Lotus. Meine Strahlen durchdringen die Tiefe des Himmels."

Diese Königin weiß, was sie an den Schwellen der fremden Räume des Totenreiches sagen muß. Memoriert sie gerade die Losungen? Spricht sie gerade eine der Losungen?

Ich schaue dich an – dein Antlitz ist weder angespannt in Konzentration, noch ist es erloschen in ein Nichts hinein. Du bist da. Aber du bist gleichsam hinter deine Bewußtheit selbst zurückgetreten, und weil du vom Geheimnis berührt wurdest, berührt dich nichts mehr „von außen".

Es gibt nicht viele Gesichter, die so wie deines sind. Und nicht viele, die einmal in ihrem Leben so aussehen. Ihre Zeichen sind meistens von außen eingegraben, nicht so, wie bei dir, von innen. So kann ich nicht ablesen, ob du viel Freude erlebt hast oder jetzt in diesem Augenblick erlebst, ob du traurig bist – ablesbar ist nur das eine, daß du dort, wo du bist, *ganz* und ganz gesammelt da bist.

Das ist das Zeichen, das du den dich Betrachtenden gibst. Dein Antlitz beschämt mich mit diesem Ganzsein, das es bekundet.

Das Diadem

Grabbeigabe, Mykene

Das Strahlendiadem

Mykene in Argolis (Griechenland) war der Mittelpunkt einer großen Kultur in der Zeit des 16.–12. Jahrhunderts v. Chr. Noch heute zeugen nicht nur die Reste gewaltiger Burgmauern, deren Dicke stellenweise 10 m erreicht, von der Bedeutung dieser Epoche, sondern mehr noch die kostbaren Funde, die in den Gräbern der Herrscher von Mykene entdeckt wurden. Es ist die Welt, die in der Dichtung Homers für uns lebendig wird. Als H. Schliemann 1876 aus den Grabschächten die ersten Funde ans Tageslicht brachte, war die Welt bewegt von dem Gedanken: Dies waren die Helden Homers – glaubte Schliemann doch, mit einer der goldenen Totenmasken das Antlitz Agamemnons vor sich zu haben. Er fand noch die einbalsamierten Leichname, fand unter einer kostbaren Goldmaske „das runde Gesicht mit allem Fleisch wunderbar erhalten, ... die Farbe des Körpers der einer ägyptischen Mumie ähnlich" (Vgl. Spyridon Marinatos, Kreta und das mykenische Hellas. München 1959).

In den Gräbern – das größte der Schachtgräber ist 4 mal 7 m groß – fanden sich Waffen, Schmuckgegenstände, Bildstelen, Tafelgerät – die Dinge, die in der Vorstellung der Menschen damals der durch die Todeslinie Hindurchgeschrittene in der anderen Welt zu seinem Dasein brauchte.

Unter den goldenen Diademen, die gefunden wurden, ragt dieses Strahlendiadem, das wir bei unseren Meditationen vor Augen haben wollen, hervor. Es ist datiert um 1550 v. Chr.

Seine Weite beträgt 65 cm. Man vermutet, daß dieser Totenschmuck vom Goldschmied in der Grabkammer angefertigt wurde; aufgefundene Goldblechreste weisen darauf hin. Heute ist es auf seiner Unterlage flach ausgebreitet. Es befindet sich im Archäologischen Nationalmuseum zu Athen. Sieben Strahlen, jede mit sieben buckelförmigen Kreisen geschmückt, fächern sich von der reichgegliederten Stirnfläche aus.

Dreieinhalb Jahrtausende alt ist dieses Diadem. Aber das Symbol – Diadem, Krone, Kranz – ist älter. Uns stellt sich die Frage: Warum tut der Mensch dies: daß er den Menschen krönt mit Diadem, Krone, Kranz? Weiß er um ein geheimnisvolles Überhöhtsein? Daß er jener ist, der um ein Unendliches sich übersteigt? Daß er ein über sich Hinausweisender, Hinauswachsender ist? Daß er „Bild" ist? Daß ein verborgener Glanz um sein Haupt ist? Daß er eine unvergleichliche Würde trägt?

Ist solches Diadem, Beigabe in einer Totenkammer, zugleich Bekenntnis zur Unsterblichkeit und Hoffnung auf ein kommendes Leben?

Dornenkrone

Und die Soldaten flochten eine Krone aus Dornen und setzten sie auf sein Haupt und warfen ihm einen Purpurmantel um, traten auf ihn zu und sagten: Sei gegrüßt, König der Juden! Und sie gaben ihm Ohrfeigen.

Joh 19, 2–3

Wir hören dieses Wort, und da nun unser Blick vom Hören dieses Wortes her auf das Bild geht, ist es uns, als könnten wir seinen Anblick nicht mehr ertragen.

Hinter diesem goldenen Strahlendiadem wird sichtbar „das Haupt voll Blut und Wunden", das schreckliche Geflecht der Dornenkrone und das rinnende Blut.

„Hätte ich die Klageschrift, die mein Widersacher schrieb", so schreit Hiob, „wahrlich, als Diadem wollt ich sie um mein Haupt mir winden" (31, 36). Er, der andere Hiob, der gequälte Gottesknecht, hat die Klageschrift der Menschheit sich als Diadem um sein Haupt winden lassen.

Im Hohenlied, diesem Gesang der bräutlichen Liebe, singt man den Ruf: „Kommt heraus, Zions Töchter, und schaut den König in der Krone, am Tag seiner Hochzeit!" Ja, am Tag seiner Hochzeit: diesen König in seiner Dornenkrone. Ecce homo! Schaut den König in seiner Krone am Tag seiner Hochzeit! Schaut „das Antlitz des Weinkelterers am Tage seiner Trunkenheit ... Sein Bildnis, gemacht aus seinem Blut, seinen Tränen und – aus unserem Anspeien!" (Paul Claudel, Kreuzweg).

Das Diadem von Mykene kommt aus einem tiefen, dunklen Advent. Es ist, als sinke es nun, vor dem Bild der Dornenkrone, zurück in den Abgrund dieser Dunkelheit. Wir wollen den Anblick einer Krone nicht mehr ertragen, auf die kein Schimmer fällt von der unendlichen Demut der Dornenkrone. Aber ob nicht auf der Krone von Mykene, auf dieser Krone im dunklen Grabgewölbe unter der Erde, ob nicht etwas von Sehnsucht und Hoffnung in ihr war auf etwas Kommendes hin, vor dem auch die Fürsten von Mykene sich als Empfangende, als Bettler wußten? Ob nicht auch bis in das Grabgewölbe von Mykene das Blut sickerte von der Dornenkrone, „des Königs am Tage seiner Hochzeit"?

Herr, ich möchte mein Leben und Sterben nicht krönen mit solchem Diadem. Herr, ich möchte dich bitten, daß mein Leben und Sterben nahe sein darf dem Geheimnis deiner Dornenkrone. Herr, bist du nicht *für uns* gekrönt worden? „Wir sehen Jesus mit Herrlichkeit und Ehre gekrönt um seines Todesleidens willen, ihn, der doch durch Gottes Gnade *für jedermann* den Tod gekostet hat" (Hebr 2, 9).

Herr, laß die Sünder, die Armen, die Leidenden, die Toten – Herr, laß uns alle nahe sein dem Geheimnis deiner Dornenkrone!

... damit dir niemand deine Krone nehme

Ich komme bald. Halte fest, was du hast, damit dir niemand deine Krone nehme.
Offb 3, 11

Dieses Wort steht in seinen drei Teilen in einer inneren Verbundenheit.

„Halte fest": den Glauben, daß der Herr kommt, daß der Herr mit seiner Herrlichkeit bevorsteht. Und die Krone: das ist die Zugehörigkeit zu diesem Herrn.

Wenn wir von diesem Wort her auf unser Bild schauen, dann sagen wir: Auf uns zu kommt die Herrlichkeit des Herrn. Aber sie ist anders als solche Strahlung des Diadems. Sie ist „sein Antlitz, das leuchtet wie die Sonne" (Mt 17, 2). Sie ist nicht namenlos wie diese Krone; sie ist das Du! Und sie ist so, daß wir wie Simon Petrus rufen werden. „Herr, es ist gut, daß wir hier sind!" (Mt 17, 4).

„Ich komme bald": Ganz nahe ist sein Zugewandtsein. „Die Zeit ist kurz" (1 Kor 7, 29): nicht die Zeit, die die Uhr anzeigt, sondern das Zwischen, das uns noch trennt von ihm und zugleich schon mit ihm verbindet.

Die verborgene Krönung, die auf diesem „Zwischen" schwebt, kann weggenommen werden. Ein „Niemand" ist da, der sie nehmen will, namenlose Mächte, die in mein Leben einwirken, die mein Dasein umspielen, die aus der eigenen Tiefe aufsteigen ...

Wie kann ich sie bewahren, die geheime Krone, schwebend auf dem „Zwischen" zwischen ihm und mir; die immer nur geschenkte, immer neu empfangene? Das Wort vorauf, im Vers 10, sagt es: *„Weil du das Wort vom Harren auf mich bewahrt hast,* so will ich auch dich bewahren vor der Prüfungsstunde, die über die ganze Welt kommen soll." Newman sagt: „Christ ist einer, der Ausschau hält nach Christus." Immer wiederkehrende Mahnung des Herrn an die Jünger ist: Seid wachsam!

Das Wort der Apokalypse ist nicht einem einzelnen zugesprochen, sondern einer Gemeinde. Und so sagt es uns: Nicht der einzelne vermag die geheime Krone im Glauben zu gewahren und zu bewahren: nur den auf Sein Kommen hin und Seine verhüllte Gegenwart hin *Versammelten* wird es gegeben! Nur in der Verbundenheit der Brüder wird die Verbundenheit mit ihm und die Verheißung der Krone wahrgenommen im Lichte des Glaubens.

„Ich habe den guten Kampf gekämpft, ich habe den Lauf vollendet, ich habe den Glauben bewahrt. Nun liegt für mich der Siegeskranz der Gerechtigkeit bereit, den mir der Herr an jenem Tag geben wird, der gerechte Richter; doch nicht mir allein, sondern auch allen, die seiner Epiphanie mit Liebe entgegengehen". 2 Tim 4, 7–8

Sei getreu bis in den Tod, und ich werde dir das Leben als Siegeskrone geben! Offb 2, 10

Der Apostel: „Meine lieben und ersehnten Brüder, meine Freude und meine Krone"

In dem vielleicht ältesten Teil des Neuen Testaments, im ersten Thessalonicherbrief, schreibt der Apostel Paulus der Gemeinde: „Denn wer ist unsere Hoffnung, wer wird unsere Freude und unser *Ruhmeskranz* sein vor unserem Herrn Jesus bei seiner Ankunft? Seid nicht ihr es? Fürwahr, ihr seid unser Ruhm und unsere Freude" (2, 19).

Paulus nennt die Gemeinde von Thessalonich seinen Ruhmeskranz, seine Krone bei der Ankunft des Herrn Jesus. Ein Kranz wurde damals vom Sieger im Stadion getragen; auch vom Priester, der das Opfer darbrachte.

Paulus hatte diese Gemeinde erst wenige Monate vorher gegründet. Es war eine armselige, in der riesigen heidnischen Umwelt geradezu verschwindend kleine Gemeinde. Der Glaube war unter der Kraft der Frohbotschaft eben erst aufgebrochen, da hatte Paulus die Neugründung plötzlich in gefährlicher Bedrohung über Nacht verlassen müssen (Apg 17, 5 f). Nun drängt es ihn, wenigstens mit einem Brief die Verbindung zu suchen. „Denn ich hielt es nicht mehr aus und sandte meinen Boten, um zu erfahren, wie es um euren Glauben stehe, ob nicht etwa unsere Arbeit umsonst gewesen wäre. Soeben ist nun Timotheus von euch zu uns zurückgekehrt und hat uns frohe Kunde gebracht von eurem Glauben und eurer Liebe, daß ihr uns allezeit in gutem Andenken habt, daß ihr sehnlich verlangt, uns zu sehen, wie auch wir euch. Nun sind wir, Brüder, was mich betrifft, in all unserer Angst und Not durch euren Glauben getröstet worden; nun leben wir auf, wenn ihr feststeht im Herrn" (1 Thess 3, 5 f).

Diese kleine Gemeinde von Thessalonich ist wirklich keine Gemeinde von „Heiligen". Da gibt es Christen, die „einen unordentlichen Lebenswandel führen" (2 Thess 3, 6), die „faulenzen und überhaupt nie arbeiten" (2 Thess 3, 11). Es gibt Verzagte (1 Thess 5, 14), Rachsüchtige (5, 15) – wie ein kleines ungeschütztes Licht ist der Glaube dieser Gemeinde mitten in einer Umwelt, „die Gott nicht kennt" (4, 5). Und diese Gemeinde, eine Handvoll Christen, die soeben anfangen, an Christus zu glauben: die nennt Paulus „meine Krone, beim Kommen des Herrn Jesus".

Aber der Apostel Paulus weiß: wenn da in Thessalonich, in dieser Großstadt, ein paar Christen, „die dem Tag angehören" (5, 8), den Glauben an Jesus Christus, den Auferstandenen, durchhalten; wenn da einige sind, die das Zeugnis der Bruderliebe, welche *keinen* ausschließt, ihrer Welt vorleben (4, 9); ganz besonders aber: wenn da einige sind, die die Kraft der freudigen Hoffnung, das Ausschauen auf Sein Kommen inmitten einer resignierenden Welt *leben* – wenn er, Paulus, das schaffen kann mit der Kraft des Wortes, mit dem Beteiligtsein seines Lebens: dann hat es sich gelohnt: „Fürwahr, dann seid ihr unser Ruhm und unsere Freude!" Und dieser „Lohn" heißt für ihn und für die Gemeinde: „Dann werden wir immerdar beim Herrn sein!" (4, 17).

Paulus nennt seine Gemeinde einen „Ruhmeskranz", eine Krone. Das ist nicht ein einmaliges Zufallswort. Auch in seinem Brief an die Philipper wählt er dieses Bild: „Meine lieben und ersehnten Brüder, meine Freude und *meine Krone*" (4, 1). Er sieht mit seinen Augen etwas, das nicht offen zutage liegt. Er sieht, daß da in seiner nach außen so armseligen Gemeinde etwas am Werk ist, eine verborgene innere Kraft, eine verhüllte Herrlichkeit: der Geist des Auferstandenen, die Herrlichkeit des Kyrios!

Ein Priester denkt: Wenn ich doch wie Paulus das von meiner Gemeinde sagen dürfte: „meine Freude und meine Krone!" Aber sie wird das ja nicht durch Verdienst. Sie wird es, weil *das Wort*, in Schwachheit gesprochen, mächtig wird aus der Kraft des Geistes Jesu Christi, der *der* Hirt der Gemeinde ist! „Denn unser Evangelium erging an euch nicht nur in Worten allein, sondern *in Kraft und im Heiligen Geist* und in voller Gewißheit" (1 Thess 1, 5).

Und doch wieder der Zweifel. Der Zweifel nicht auf den Herrn hin, daß er die Schwachheit der Gemeinde krönen kann mit der Herrlichkeit des „Siehe, ich mache alles neu!", sondern der Zweifel des Priesters an sich selbst und seinem

Dienst: Ist mein Dienst an der Gemeinde so, daß er gekrönt werden kann? Daß die Gemeinde selbst die Krone dieses Dienstes sein kann? Ist es nicht so, daß ich im Dienst an der Gemeinde vielmehr mein eigenes Ansehen ins Spiel bringe (1 Thess 2, 7)? Daß ich selbst nach meinem Glanz in der Gemeinde greife?

Ich will Augen gewinnen für die verborgene Kostbarkeit der Gemeinde; in ihr ist etwas, das auf Offenbarwerden wartet – und das wird schöner sein als dieses Diadem der Könige zu Mykene! Ich will vertrauen mit aller Kraft des Herzens, daß der Herr meine Gemeinde zur Krone bereiten kann. Und ich will demütig bitten und erhoffen, daß dieser strahlende Glanz am Tage Christi mich nicht in die Finsternis verstößt, sondern mich an sich zieht: „Dann werden wir immerdar beim Herrn sein!" Ich will die Armseligkeit meines Dienstes zur Verfügung stellen, in der Mühsal und Freude des Alltags, daß durch ihn die österliche Herrlichkeit des Herrn einströmen kann in das Leben der Gemeinde.

„Die Presbyter unter euch ermahne ich als Mitpresbyter und Zeuge der Leiden Christi, aber zugleich auch als Mitgenosse der einst sich offenbarenden Herrlichkeit: Weidet die euch anvertraute Herde Gottes und habt acht auf sie, nicht gezwungen, sondern aus freien Stücken, wie Gott es will, auch nicht aus schmutziger Gewinnsucht, sondern mit Hingabe, auch nicht als wäret ihr Herren des Erbes, sondern als Vorbilder der Herde. Wenn dann der höchste Hirte erscheint, werdet ihr den unverwelklichen Kranz der Herrlichkeit erlangen. 1 Petr 5, 1–4

Dieser Kranz, diese Krone – es wird nicht das Gold dieses Diadems sein, es wird der Glanz der Gemeinde sein; die Gemeinde, die aufleuchtet in der Herrlichkeit des Herrn.

Er krönt die Gebeugten

Du siehst dieses Bild, das Diadem, und das Wort, das dazu geschrieben ist: „Er krönt die Gebeugten" (Ps 149, 4). Aber ich kann mir denken, daß deine Augen jetzt den Anblick dieses Diadems nicht ertragen können, auch nicht, wenn es von diesem Tröstungswort des Psalms gedeutet ist. Zu weit entfernt von deiner Traurigkeit ist jetzt diese Welt des mykenischen Diadems und auch das Wort des Psalms.

Vielleicht ist es gut, das Bild wieder wegzulegen. Aber dies Wort: „Er krönt die Gebeugten" – wenn wir anfangen, es wahrzunehmen, nicht mehr als gedrucktes Wort, sondern als das lebendige Wort, das der Lebendige spricht? Ob es sein kann, daß er es dir zuspricht, jetzt in dieser von Leid verhangenen Stunde?

Er krönt das Leid nicht mit solchem Diadem (wie wäre es denkbar, daß ein trauerndes Antlitz diese Krone ertragen könnte!). Das hebräische Wort, das in diesem Psalmvers vom Krönen spricht, meint ursprünglich die Kopfbinde; daraus wurde später das Diadem der Könige und der Priester. So möchten wir es hier wie ein Bild dafür nehmen, daß Gottes Zuneigung die Traurigkeit des Gebeugten umfangen will, so wie liebende Hände das Haupt eines Kranken bergen können.

"Er krönt die Gebeugten" – in Jesus Christus, dem Gekreuzigten und Auferstandenen, hat diese Verheißung ihr lebendiges Siegel bekommen, Bürgschaft für uns alle. Möge die Kraft und Tröstung seines Geistes dir ganz nahe sein!

Im Gedenken an einen Toten

Aus der Grube erlöst er dein Leben, der dich krönt mit Gnade und Erbarmen. Ps 103, 4

In einer Totenkammer war das Diadem mitgegeben, Geleit einer Hoffnung und einer Liebe. Woher nährte sich diese Hoffnung? Als der namenlose Goldschmied von Mykene in der dunklen Totenkammer im Schein der Öllampen das Diadem fertigte, welche Glaubenshoffnung beseelte ihn?

Fiel schon ein Schimmer von Licht in diese Totenkammer von jenem her, der, selber in einer Totenkammer eingeschlossen, „descendit ad inferos", zu den Totengründen der Vergangenheit hinabstieg? Der vor der Gruft des schon verwesenden Lazarus *mit lauter Stimme* dem Toten zurief: „Komm heraus" (Joh 11, 43)? Der vor diesem Grabe des toten Lazarus sagt: „Ich bin die Auferstehung. Wer an mich glaubt, wird leben, auch wenn er stirbt" (Joh 11, 25)?

Ich höre diese Worte aus seinem Mund; ich höre dies Wort: „Ich bin die Auferstehung!" Und da ich des Toten gedenke, den ich liebe, verwandelt sich das Diadem. Es wird zum Licht des Auferstandenen, der das Antlitz des Toten zum Leben erweckt. Die Augen des Auferstandenen schauen ihn an und unter dem Angeschautsein von der ewigen Liebe tun die Augen des Toten sich auf, leben!

Nicht mehr solches Diadem: „Die Erlösten Jahwes kehren heim, *ewige Freude leuchtet um ihr Haupt*" (Jes 35, 10).

Des Toten gedenkend verwandle ich das Wort des Psalms zum Gebet: „Aus der Grube erlöse er dein Leben, er kröne dich mit Gnade und Erbarmen."

Die Kirche: „ein Diadem in der Hand deines Gottes"

Du wirst eine herrliche Krone in der Hand Jahwes sein, ein königliches Diadem in der Hand deines Gottes. Jes 62, 3

Um das Jahr 530 v. Chr. ist dieses Prophetenwort gesprochen. Nach der Rückkehr aus der babylonischen Gefangenschaft finden die nach Jerusalem Heimgekehrten eine verödete Stadt. Armut und niederdrückende Verzagtheit lähmt die Menschen inmitten der Trümmer und der Verwüstung. Die Arbeit am Tempel stockt – hat es noch einen Sinn?

Da kommt der Prophet und ruft dem Volk Gottes zu:

Um Zions willen darf ich nicht schweigen, Jerusalems wegen nicht ruhen, bis wie ein Lichtglanz seine Gerechtigkeit hervorbricht und sein Heil brennt wie eine Fackel. Dann werden die Völker deine Gerechtigkeit schauen und alle Könige deine Herrlichkeit, und man wird dich mit einem neuen Namen nennen, den der Mund Jahwes prägen wird. Du wirst eine herrliche Krone in der Hand Jahwes sein, ein königliches Diadem in der Hand deines Gottes. Man wird dich nicht länger mehr ‚Verlassene' nennen und dein Land nicht mehr ‚Preisgegebene', sondern man wird dich ‚Meine-Lust-an-dir' heißen und dein Land ‚Vermählte'. Wird doch Jahwe an dir wieder Gefallen haben, und dein Land wird wiederum vermählt. Denn wie der Jüngling eine Jungfrau freit, so wird dein Erbauer dich freien; wie der Bräutigam seine Wonne an der Braut hat, so wird dein Gott an dir seine Wonne haben. Jes 62, 1–5

Es ist das Bild vom bräutlichen Bund Jahwes zu seinem Volk, das die Propheten so lieben. Diese Bilder sind zugleich ein leidenschaftlicher, Gott bestürmender Flehruf: Führe es herauf, „bis wie ein Lichtglanz seine Wahrheit hervorbricht und seine Freiheit brennt wie eine Fackel"!

„Dann werden die Völker deine Gerechtigkeit schauen und alle Könige deine Herrlichkeit": daß sie, die Stadt, die Erwählte ist, die die Wahrheit Gottes empfangen hat; daß Jahwe, der Bräutigam, sich ihr zugewandt hat, so wie ein Bräutigam in dieser ersten Liebe sich nur dieser Einzigen zuwenden kann!

Und dann häufen sich die Bilder der Liebeserklärung Gottes, sein Mund erfindet gleichsam den neuen Namen, die wunderbare Verwandlung, so wie Liebende neue Namen finden, einander ihre Liebe zu sagen!

Es gibt eine babylonische Marduk-Inschrift, auf den Gott Bel bezogen, in der eine Stadt als Krone dieses Gottes erscheint: „Borsippa ist deine Krone!" Der Prophet wagt es nicht, Gleiches von Zion zu sagen – eine Scheu läßt ihn dieses naheliegende Bild verwandeln (und zugleich wird darin das Bild personaler): Du wirst ein königliches Diadem *in der Hand* Jahwes sein, das er anschaut, wie man eine große Kostbarkeit anschaut: „So wird dein Gott an dir seine Wonne haben."

Zion ist die Stadt seines Volkes. Das Neue Testament sieht sie, wenn die Zeit erfüllt ist, „herabsteigen von Gott her, bereitet wie eine Braut, die geschmückt ist für ihren Mann" (Offb 21, 2). „Und die Stadt ist *reines Gold*, durchsichtig wie Glas" (21, 18).

Zion ist das Bild der Kirche. Nicht Stadt aus Stein und Gold, sondern lebendiges Volk: „Ihr seid ein auserwähltes Geschlecht, eine *königliche* Priesterschaft, ein heiliger Stamm, ein zu eigen erworbenes Volk" (1 Petr 2, 9).

Wir erleben die Kirche, das pilgernde Gottesvolk in anderer Gestalt. Sie erscheint uns nicht bräutlich, sie scheint uns alt und langsam und verstaubt und entstellt und vor Gott und den Menschen verschuldet!

Aber wir schauen auf das Bild, dies Diadem. Und wir hören die Verheißung: „Du wirst eine herrliche Krone in der Hand Jahwes sein, ein königliches Diadem in der Hand deines Gottes." Auf *diese* Zukunft hin lebt die Kirche. Verheißung, die nicht mehr bloße Verheißung ist, weil schon aus der Liebeshingabe ihres Bräutigams „alle Schönheit innen ist" in ihr, jetzt schon in ihrer Pilgerschaft, in der sie immer noch verkannt und verschuldet ihren Weg durch die Völker geht.

Goldbecher

Schatzkammer der Königsgräber von Ur

Man sieht, wie sich das Alter der Jahrtausende ins Gold gegraben hat – die Farbverdunkelungen, die das Leuchten der anderen Stellen verstärken. Je mehr man den Becher anschaut, um so lebendiger erscheint er, nicht nur wie eine jonische Säule, sondern wie ein Stück Baum, aus der Erde hervorwachsend. Sehr fest. Am unteren und oberen Rand in Gegenbewegung das Tannennadel-Ornament; so kommt in diese Gestalt eine fast verborgene lebendige Spannung. Am erstaunlichsten ist die Proportion; sie erweckt Harmonie.

Eine Grabbeigabe für einen König von Ur ist dieser Kelch. Wie oft wird dem König in seinem Leben darin der Wein kredenzt worden sein!

Der Becher ist viele hundert Jahre älter als Abraham. Aber damals rann die Zeit langsam ... Ob Abraham, der in Ur lebte, solchen Becher gesehen hat? Abraham war ein Hirte und Wanderer. Dies ist nicht ein Becher für Hirten und Wanderer. Aber auch dem König ist er mitgegeben für die Wanderung in das Totenreich. Und der König konnte nicht wissen, daß sein Becher wie sein Leben im Totenreich leer bleiben würden bis jener Andere, Spätere, auf seiner Wanderschaft an den Horizont der Zeit gelangt war: „Abraham frohlockte, daß er meinen Tag sehen sollte. Er sah ihn und freute sich." Alle Königsbecher, alle Bettlerbecher warten durch die Jahrhunderte auf diesen Tag.

Ist dieser Goldbecher ein Bild für Abrahams Leben? Sein Leben war karg. Voll von Verheißung zwar, aber die Erfüllung leuchtete nur wie für einen Augenblick am Horizont seines Lebens auf.

Und so kann der Becher doch, in seiner Gestalt, ein Bild für Abraham sein: den Glaubenden und Hoffenden, der sein Leben ganz auf Gott hin öffnet. Bild seiner Sehnsucht. Und seiner Erwählung: die große Kostbarkeit Gottes für alle Jahrhunderte zu erwarten!

Denn es kam die Stunde, von der das Evangelium sagt: „Und er nahm einen Becher, sprach das Dankgebet und gab ihn ihnen, und sie tranken alle daraus. Und er sprach zu ihnen: Das ist mein Bundesblut, das für viele vergossen wird" (Mk 14,23–24). Die Welt wird zum Becher, der den am Kreuze gekelterten Wein aufnimmt – davon lebt sie. „Wen dürstet, der komme zu mir!"

In der Schatzkammer eines Domes fand ich unter vielen von Gold und edlen Steinen glitzernden Kleinodien einen Tonbecher, eine Scherbe fast nur, gerade so groß, die Höhlung der Hand zu füllen: der Trinkbecher des heiligen Franz von Assisi! – Und da ist nun dieser Goldbecher des Königs, und man beginnt zu fragen: Ist dieser goldene Becher nicht sehr stolz? Ist er nicht wie ein selbstbewußter Anspruch in der Hand des Königs, die ihn fest umgreift? Sollte er nicht demütiger sein, mehr Schale ...? Und wir erinnern uns des Wortes: „Wir haben diesen Schatz in irdenen Gefäßen, damit der Überschwang an Kraft Gott zugemessen wird und nicht von uns hergeleitet werde" (2 Kor 4,7).

Ist der Becher ein Bild für mein Leben? – Dies sei dir zugewünscht: daß dein Leben so geöffnet sei zu Ihm hin! Und: daß es kostbar werde im Dienen!

Welches Dienen? – Den Trank, den er selber empfangen, zu geben!

Goldgefäße

Proto-Chimu/Mochica, Peru

Das Gold auf diesem Hintergrund, der Kontrast dieser Farben – wie ein Abend mit großen Sonnen. Kostbar ist dieses Gold. Es leuchtet in vielem Glanz in dem geöffneten Rund der Schalen. Noch sind die Schalen leer, bereitet für den Trank zum Mahle. Leere, die nicht leer ist. Lauter Erwartung in allem und Fest!

Ist das Mahl, ist das Fest bereitet für die Lebenden, für die Toten?

Die Schönheit der goldenen Becher liegt in ihrer Einfachheit, die nicht einfacher gedacht werden kann: klare Gestalt der Rundung, Urform. Mancher möchte fragen: Ist die Form nicht zu schlicht? – Alles Edle ist einfach. Und edel ist das Gold; nur in dieser ganz schlichten Form der Becher kann sein Adel ganz zum Ausdruck kommen. Die Form ist so, daß man schon seine Hände hinstrecken möchte, beide, um eine Schale zu ergreifen, nicht in hastigem Zugriff, sondern behutsam und fast ehrfürchtig. Man spürt schon in den Händen das kühle Metall, aber die Augen nehmen keine Kühle wahr.

Alle Hast weicht vor diesem Bild. Man wird ganz ruhig. Eine geheimnisvolle Transparenz leuchtet auf. Urform, geöffnet zum Licht. „Du leuchtest in meiner Seele wie die Sonne auf dem Golde" (Mechthild von Magdeburg).

Der Kelch ist nur einer. Und man muß darüber nachsinnen, warum er erhöht ist und allein. Ein Kelch verträgt kaum einen zweiten neben sich. Vielleicht ist er bestimmt, alle vier Schalen zu füllen.

Ich weiß: Nicht alle Schalen gehören mir. Neben mir sind andere, deren Hände sich ausstrecken zu diesem Trank. Meine Hand kann nur einen Becher aufnehmen, aber mein Auge kann alle umfangen: Gemeinschaft des Mahles!

Hier ist Vollkommenes: Man vermißt nichts, auch nicht in dem Warten; man ist festlich zufrieden mit diesem Geformten, mit diesem Offenen.

Vor solchem Bild bedarf es nicht der Mühsal der vielen Gedanken. Man braucht nur still davorzusitzen: Beim Schauen öffnet sich etwas in mir, alles Verworrene weicht. Lauter solche Schalen möchte man hinhalten können, im Herzen mit den Händen – zu dem Trank hin, zu dem Licht hin.

Aus heidnischer Welt sind die Becher, aber es ist gläubig-adventliches Heidentum. Abglanz vom Tisch im Hause des Vaters und von dem „Kelch der Segnung" (1 Kor 10, 16).

Gotteshand und Menschenhand

Fresko, Katalonien

In dem Raum, in welchem die Hand Gottes sich dem Menschen entgegenstreckt, sprühen Gestirne: Ein geheimnisvolles Kraftfeld ist dieser Raum. Um diesen Bereich des „unzugänglichen Lichtes" (1 Tim 6, 16) legt sich, abschirmend und ausstrahlend, die Bahn des Herrlichkeitsglanzes Gottes.

Aus seiner Welt hält der Mensch seine Hand zu Gott hin. Es ist die Hand eines Menschen, der unter den Steinwürfen seiner Feinde zusammenbricht. Aber in diesem Augenblick der äußersten Menschennot tut sich der Himmel auf, und sein Licht reißt den Menschen zu einer ekstatischen Glaubens- und Liebeskraft hin:

Er aber blickte, voll heiligen Geistes, unverwandt zum Himmel und sah die Herrlichkeit Gottes und Jesus zur Rechten Gottes stehen. Da rief er aus: Siehe, ich sehe den Himmel offen und den Menschensohn zur Rechten Gottes stehen. Da schrien sie mit lauter Stimme, hielten sich die Ohren zu und stürmten zusammen auf ihn ein. Sie trieben ihn zur Stadt hinaus und steinigten ihn. Er aber betete: Herr Jesus, nimm meinen Geist auf. Dann fiel er auf die Knie und rief mit lauter Stimme: Herr, rechne ihnen diese Sünde nicht an.

Apg 7, 55–60

Die Hand des Menschen ist hingehalten, ganz offen, ganz vertrauend, ohne Angst. In ihr gibt dieser Mensch sich hin und ist doch zugleich der alles Empfangende. Sie ist Hingabe und Bitte, Anbeten und Hoffen, Verkündigung und Zeugnis: Siehe, ich sehe den Himmel offen!

Die Hand Gottes ist die machtvolle „Rechte Gottes". Es ist die Schwurhand: Ich lasse meinen Knecht nicht …! Und zugleich segnend in göttlicher Kraft, rettend, Leben spendend wie am Tage der Schöpfung. Gott hat die Sabbatruhe verlassen, Gott ist wieder aufgestanden: Stephanus ruft: „Ich sehe den Menschensohn zur Rechten Gottes *stehen*"!

Die Hand des Menschen könnte nie so hingehalten werden, wäre nicht diese Hand Gottes da.

Der Mensch, der da die Hand ausstreckt, ist der gequälte Mensch – aber er sieht den Himmel offen. Ein anderer zerschundener Gottesknecht hatte seine Hände hingehalten, und es spaltete sich die Erde, es spaltete sich der Vorhang des Tempels, es spaltete sich der Himmel: „Dieser ist mein geliebter Sohn." Über dieser Menschenhand glüht der Raum auf, als dränge alles Leid und alle Liebe hin wie ein Meer an das Gestade der gött-

lichen Welt, in der – wie im brennenden Dornbusch – die Epiphanie des göttlichen Entgegenkommens ist: ICH BIN DA!

Kann ich meine Hand so hinhalten?

Hier fällt das Licht der göttlichen Hand auf das Menschendasein. Aber – es gibt ein Gotteswort bei Jesaja: „Ich habe dich zugehüllt mit dem Schatten meiner Hand" (51,56). Ist *das* nicht viel mehr meine Erfahrung? Und nicht so, wie dieses Wort es meint, als wäre der Schatten seiner Hand der Raum der bergenden Erquickung und Ruhe, sondern: Der Schatten wird Dunkelheit, Finsternis ... Gott, wo bist du?

Diese Menschenhand, die sich hinhält nach oben, sie ist Bild unseres Wesens. „Wir alle sind die großen Bedürftigen, Kinder jenes Geschlechtes, das nicht an sich selbst genug hat, Wesen des suchend erhobenen Antlitzes und der ausgebreiteten Arme, von allen Kreaturen die ärmsten, da wir immer mehr bedürfen und bedeuten, als wir uns selbst zu geben und zu sagen vermögen: Menschen, die das kaum geahnte Bild ihres Wesens nur finden, wenn sie sich dahingeben. Denn wir ruhen nicht in uns selbst: Und nicht in den von uns beherrschten, durchschauten und gedeuteten Dingen und Erlebnissen unseres Daseins finden wir das tröstende Licht und die rettende Geborgenheit für uns, sondern allein in jenem unantastbaren Geheimnis, das unser Herz überschattet vom Morgen unserer Tage an, das die Frage und das Verwundern in unserem Dasein weckt und das bei tausend Anlässen uns über uns selbst hinauslockt, daß wir uns selbstlos ihm anheimgäben" (J. B. Metz).

Der Strahl der göttlichen Hand füllt nicht die Menschenhand, sondern geht auf das Haupt, das den tödlichen Steinwürfen preisgegeben ist. Wie oft halten wir die Hand hin, daß sie von Gott gefüllt werde; aber während Gott die Hand leer zu lassen scheint, trifft seine Gnade das Haupt und das Herz. Und eine Ahnung beginnt: Ich sehe den Himmel offen – nein, wohl nicht in solch ekstatischem Ruf des Diakons Stephanus, aber doch in einem schon unbesiegbaren Anfang von Glaube und Zuversicht ... Gott gibt mehr, als die Hand fassen kann.

Und es kann sein, daß der Strahl von Gottes Hand das Haupt und das Herz verwundender trifft als die Steinwürfe der Menschen und daß der so Getroffene ruft: „Herr, nimm meinen Geist auf."

Die Hand des Menschen ist leer. Und doch: Dieser Mensch hat sie unsichtbar gefüllt mit sich selbst. Von diesem Bild her will ich zum Beten kommen. Die Worte der Heiligen Schrift – nur eines jeweils – sollen mir helfen zu solchem Beten.

*In den Stunden der Nacht erhebt eure Hände
zum Heiligtum.* Ps 134,2

Da befiel ihn Angst, und als er zu sinken begann, schrie er laut: Herr, rette mich. Jesus streckte sogleich seine Hand aus, ergriff ihn und sagte ihm: Kleingläubiger, warum hast du gezweifelt? Mt 14,30–31

Die Hand des Herrn hat mich getroffen.
Ijob 19,21

Ausgestreckt bleibt noch immer sein Arm.
Jes 5,25

In deine Hände befehle ich meinen Geist; du machst mich frei, o Herr, du getreuer Gott.
Ps 31,6

So wird die Hand des Herrn sich kundtun an seinen Knechten. Jes 66,14

Niemand wird sie meiner Hand entreißen.
Joh 10,28

*Preisen will ich dich, Herr, mein König.
Loben will ich dich, Gott meines Heils,
will deinen Namen preisen.
Denn mein Beschützer warst du, mein Helfer.
Du hast bewahrt mich vor dem Untergang.
Nach der Fülle deines Erbarmens
hast du mich errettet
um deines Namens willen.
Vor der Erstickung durch den Brand
rings um mich her,
vor dem tiefen Schlunde der Unterwelt.
Ich war dem Tode schon nahe
und am Rande der Unterwelt.
Von allen Seiten war ich umringt,
und niemand stand mir bei.
Nach Menschenhilfe schaute ich aus,
doch fand ich keine.
Da gedachte ich deiner Huld, o Herr,
und deines Waltens von Ewigkeit,
daß du die rettest, die auf dich hoffen.
Da ließ von der Erde ich
mein Flehn aufsteigen
und betete um Errettung vom Tod.
Ich rief den Herrn an, den Vater meines Herrn,
daß er am Tage der Trübsal
mich nicht verlasse.
Ich will deinen Namen immerdar loben,
dir Danklieder singen.
Mein Gebet ward erhört.
Denn du hast mich bewahrt
vor dem Untergang,
mich errettet aus schlimmer Zeit.
Darum will ich dir danken und lobsingen
und preisen den Namen des Herrn.* Sir 51

Erschaffung Adams – I

Nordportal, Chartres

Lasset uns den Menschen machen nach unserem Bild, uns ähnlich. Gott hat das Bild, den Entwurf des Menschen innerlich vor Augen.

Gott hat ein Antlitz wie das Christusantlitz: „Er ist das Bild des unsichtbaren Gottes, Erstgeborener vor aller Schöpfung. Alles ist durch ihn und auf ihn hin geschaffen" (Kol 1,15). Gott ist wie mit wissenden Augen und Lippen; des Menschen Züge sind wie hingespannt auf alles, was er, jetzt noch mit seinem Leibe wartend, einmal tun will. Sie schauen in die gleiche Richtung. Der Mensch schaut in seine Zukunft; Gottes Blick geht schon der Zukunft des Menschen nach und holt sie aus einer weiten Ferne wieder in sich herein. Die Bewegung der Hand weist auf sein Herz hin.

Von Gott geht ein großes Nahesein aus. Noch ist dem Menschen dieses Nahesein nicht aufgegangen. Er hat noch keine Geschichte, sie liegt noch vor ihm. Wenn er einmal aus seiner Geschichte zurückkommen wird zu seinem Ursprung – wie wird das sein? So aufrecht? Ober wie das Zurückkommen des verlorenen Sohnes? Er wird sich betten dahin, wohin die Hand Gottes weist.

Dann wird dieser sein Bruder sein: Christus! Einst werden beide einander ansehen und sich erkennen.

Adam ist ohne Gewand, aber bedeckt vom Gewand Gottes. Einmal wird er wieder zur Rechten Gottes stehen, durch Christus, seinen Bruder, den Erstgeborenen. (Oder aber – wird er sich ganz verlieren in der Verlorenheit, für immer?)

Beide schauen; aber verschieden ist dieses Schauen: bei Adam ein erstes Sichauftun, bei Gott-Christus liebendes Erkennen, Schauen und Wissen und schon – von ferne – Erbarmen, das das Geschaute umfängt.

Gott kennt *mein* Leben. Es liegt Gott etwas an mir. „Ich will den Herrn preisen mit dem Antlitz, das er mir gab" (Therese von Lisieux).

Erschaffung Adams – II

Nordportal, Chartres

Gott bildet den Menschen: Er hat das „Bild" vor Augen, nun geht es in seine lebendigen Hände, die mit großer Innigkeit das schöpferische Werk tun. Es ist gut, sich von solchen Händen geschaffen zu wissen.

Gottes Wirken ist nicht anstrengend; er schafft etwas seinem Wesen Entsprechendes, sein Ebenbild. Sein Tun ist wie eins mit ihm.

Obwohl Adam noch nicht weiß, daß er ist und von wem er ist – das wird er erst durch den Hauch des Geistes spüren –, schmiegt sich das Geschöpf schon an den, von dem es ist.

Mit der rechten Hand ist Gott gerade beim zweiten Auge – damit der Mensch die rechten Perspektiven bekommt. Der Mensch darf in die gleiche Richtung schauen mit Gott, ins Offene und Freie. Aber wenn Gott ihn zu sich wendet, dann darf der Mensch dem Schöpfer Aug in Auge stehen, und das ist mehr! Mit beiden Augen wird der Mensch einst ihn sehen, wie er ist! Visio beata! Von Angesicht zu Angesicht, wenn der Mensch sich umgewandt hat und für immer ihn anschaut.

Noch schmiegt sich der nackte Mensch in den Herrlichkeitssaum Gottes, ohne Angst, zu vergehen. Später wird der Mensch ihm aus dem Auge gehen und sich verstecken vor dem Auge Gottes: „Ich fürchtete mich vor dir ..." Es ist, als ob der Blick Gottes in unendliche Ferne gehe und wieder in sein Innerstes zurückkehre, und auf diesem Wege umfaßt der Blick die ganze Geschichte des Menschen. Ich bin einbeschlossen in diesen Blick Gottes.

Die Linien der Hände: Gott gibt Adam ins Leben, aber Gott gibt sich auch selbst durch diese Hände in Adam hinein. Und Adam will sich, kaum daß er lebt, ihm zurückgeben, sich bei ihm bergen. Schon ist viel Hingabe in der Linie der Hände, hier und dort: Bergen und Sichbergen, Gegebenwerden und Zurückgeben, Sichzurückgeben in den Ursprung.

Ich bin dieser Mensch. So unter den Händen, in den Händen Gottes sein! Mich von seinen Händen bilden lassen. Mich seinen Händen ganz anvertrauen. Mich in ihm bergen.

Du hast mein Inneres gebildet,
mich gewoben in meiner Mutter Schoß.
Ich preise dich,
daß ich so wunderbar gestaltet bin,
daß deine Werke so würdig des Staunens sind.
Ps 138,13-14

Dürfen wir – mit allem Zögern – vor diesem Bild den Blick hingehen lassen zu dem neuen Adam: Jesus Christus? Gottes Hände umfangen sein Haupt in großer Liebe und machen ihn zu dem Menschen, dem Bruder des Menschen. Und Gottes Hände berühren das Haupt *dieses* Menschen – ecce homo – dort, wo die Dornenkrone sein wird. Und der Vater liebt diesen Menschensohn, der wieder ganz bloß ist und der sich ganz in seine Hände bettet: „Vater, in deine Hände gebe ich mein Leben" (Lk 23,46). In ihm aber sind wir alle geliebt.

II Lebenswege – Glaubenswege

Ich plane meine Wege um

Max Hunziker

Ein Mann im Sternengewand. Er stürmt voran. Sanft beugt sich ihm eine Gestalt entgegen, die aus dem Unsichtbaren kommt. Eine Brücke führt über einen Fluß; sie unterstreicht die Bewegung der sich Begegnenden. Zwei Berührungskreise sind da: unten zwischen den Armen und Händen der Sich-Begegnenden, oben zwischen den Häuptern und dem Arm des „Engels" – der Raum des Sinnens. Im Hintergrund ist die Stadt, die Welt. Aber hier geht es nur um diesen einen Menschen; kein anderes Leben ist zu sehen.

Das Auge des Mannes ist weit aufgetan, aber Auge und Antlitz sind doch nicht nach außen gerichtet. Er gewahrt den Engel – und er gewahrt ihn doch nicht. Etwas von innen her trieb ihn, so voranzudrängen; nun spürt er etwas, das ihn innehalten läßt. Nicht ein selbstbewußter Gedanke erwacht, sondern ein Staunen über das Angehaltensein, Berührtsein.

Die Hand scheint noch zu sagen: Ich muß dorthin; da ist das, was ich suche. Aber schon ist dies in ihm zur Frage geworden, und die Gestalt des Engels läßt ihn innehalten und fragen: Wohin gehen denn Brücke und Weg? Dieser Mann ist ein „Ergriffener" geworden.

Von großer Stille ist die Bewegung des Engels, der die Stirn des Mannes mit seiner Stirn berührt und mit sanfter und doch fester Gebärde seiner linken Hand der Schulter des Mannes Einhalt gebietet. Das Antlitz des Engels ist ganz und gar in sich gekehrt, ganz versunken, ganz innerlich. Und darum sind diese Gebärden so mächtig! Sie bezwingen den Mann, dessen Gewand – etwa am Arm – so fest erscheint wie dunkles Metall; den Mann, dessen Mund so männlich ist.

Die andere Hand des Engels stellt sich nicht direkt der Hand des Mannes entgegen. Sie ist wie aufnehmend, nicht Widerstand, sondern behutsames Hinweisen auf das „In dir!" Oder ist das gar kein Engel? Ist es die wahre Seele des Mannes, sein wahres Selbst, der Seelengrund, der sich er-innert?

Halt an, wo laufst du hin?
Der Himmel ist in dir;
Suchst du Gott anderswo,
du fehlst ihn für und für.

Außen ist der Himmel ohne Sterne, aber sie sind inwendig. Man ahnt: Über diesem Menschen ist ein Antlitz, ein Angeschautsein, und der Mensch ist schon verwandelt, umkleidet mit dem Himmel! Es ist, als wären die Sterne aufgegangen unter der Begegnung dieser Hände und unter dem Sichneigen jener Gestalt. Noch sieht er die Sterne nicht, noch sieht er nicht, daß der Himmel aus ihm strahlt.

Wer ist dieser Mensch, der da voranstürmt? Ist er einer von den vielen, die immer wieder einer neuen „Projektion" nachlaufen?

Ist er einer von denen, die in die Ferne der Welt stürmen, getrieben im Suchen – und er weiß nicht, was er sucht?

Ist er einer von denen, die Ihn suchen und nicht von Ihm loskommen können: „... wie ein verwundeter Hirsch, der in seiner Seite den Speer trägt, von dem er getroffen wurde; je mehr er in seinem Laufe durch den Wald eilt, um sich davon zu befreien, um so tiefer rennt er sich das Geschoß ins Fleisch" (Fénelon)?

Ist er einer von den vielen Menschen unserer Tage, die im Grunde nicht mehr suchen, sondern nur noch flüchten: in die rastlose Zerstreuung im Draußen? Einer, der „um seine verlorene Geborgenheit zu verschleiern und seiner Unbehaustheit im eigenen Herzen nicht innezuwerden, wie in der Arbeit, so auch noch in der Muße das Draußen als illusionäre Zufluchtstätte braucht" (A. Vetter)? Wie könnte *dem* ein solcher Engel begegnen? Wohin sollte der Engel seine Hand legen können, da er solchen Menschen nur noch trifft als flüchtigen Schemen seiner selbst?

Oder steht dieser Mann in der großen Versuchung, wegzulaufen von sich selbst, weil er nicht der sein will, der er ist? *„Die Wahrheit wird euch freimachen"* (Joh 8, 32): Zuerst müssen wir die Wahrheit suchen, die wir selbst sind – die Wahrheit, die Gott, dessen Bild wir sind, mit uns meint; die Wahrheit, die wir geworden sind durch unsere Geschichte und Freiheit. Je mehr wir uns dieser Wahrheit nähern, die wir selbst sind vor Gott, je mehr wir uns zu uns selbst bekennen – mit all dem, was unser Dasein ausmacht –, um so freier werden wir sein: offen zu Gott.

Gott aber wartet darauf, uns mit sich selbst zu erfüllen, uns zum Himmel seiner Gegenwart zu machen. Solange der Mensch der Annahme seines eigenen Menschseins, so wie es ist, zu entfliehen trachtet und damit von sich selbst zu fliehen versucht, flieht er vor Gott.

Warum flieht der Mensch vor sich selbst? Weil eine geheime Stimme ihn fürchten läßt, daß „der Tabernakel des eigenen Ich leer ist. Aber wenn der Mensch auf sich selbst zurückfällt, auf die nackte Armut seines Wesens, wenn hinter allen Masken sein entblößtes Herz erscheint, dann enthüllt sich in der Mitte seines Daseins jene re-ligio, jene ‚Bindung' des Menschen an das ihn unendlich übersteigende Geheimnis Gottes, jene ‚transzendentale Bedürftigkeit' die all seine Bedürfnisse, Wünsche und Sehnsüchte weckt und trägt, die den Menschen in jener Unruhe und Unheimlichkeit des Herzens hält, die im letzten Atem erst verweht, in jener ungetrösteten ‚Armut', die allein ‚das Himmelreich' selig zu erfüllen weiß. Diese Unendlichkeit seiner Wesensarmut ist der einzige angestammte Reichtum des Menschen. Er existiert als unendliche Bedürftigkeit, denn er besitzt seine unversehrte Wesensganzheit und Wesenshelle nicht von sich selbst, sondern vom unverfügbaren Geheimnis des unendlichen Gottes her. Er ist das ekstatische Wesen, und seine Mensch-Werdung ist nichts anderes als das wachsende Sicheinlassen auf diese Ekstase seines Seins und damit das hörsame Aufkommenlassen und gehorsame Bejahen der totalen Angesprochenheit und Verfügtheit, der unentrinnbaren Betroffenheit seiner Existenz durch das Geheimnis Gottes.

Das letzte Wort aus dem Munde unserer Armut lautet: ‚Nicht ich, sondern du!' Und erst in der hingebenden Anerkennung dieses ‚Du' weiß der Mensch sich selbst ‚unendlich gemeint', gleichsam ins ewig kostbare, untauschbare und unersetzbare ‚Ich' gerufen. Wo er in der Armut seines anbetenden Geistes vor das Antlitz der göttlichen Freiheit, vor das undurchdringliche, geheimnisvolle ‚Du'

Gottes tritt, da ist der Mensch zugleich eingelassen in die Tiefe seines unversehrbaren Selbstseins, seiner persönlichen Würde – da vollendet sich seine Mensch-Werdung. In der rühmenden Anbetung Gottes ist der Mensch total vor sich und zu sich selbst gebracht. Denn er ist in Wahrheit nichts als der von Gott sich selbst Gegebene" (J. B. Metz, Armut im Geiste).

Halt an, wo laufst du hin?
Der Himmel ist in dir;
Suchst du Gott anderswo,
du fehlst ihn für und für.

Der Mystiker Tauler sagt: „Der inwendige Mensch ist aus dem edlen Grunde (‚grunt') der Gottheit herausgekommen und ist dem edlen, lauteren Gott nachgebildet; und er ist dorthin wieder eingeladen und wieder gerufen und wird dahin wieder gezogen. Wie Gott im inwendigen Seelengrund Seinen Grund gelegt hat und da nun verborgen und bedeckt liegt – wer das finden und erkennen und schauen könnte, der wäre ohne allen Zweifel selig. Und wie immer auch der Mensch sein Gesicht abkehrt und irregeht, so hat er doch ein ewig Locken und Neigen hierhin und kann nirgends Rast finden, wie er es auch umgeht. Denn alle Dinge vermögen ihm nicht Genüge zu leisten außer diesem einen. Denn dies treibt und zieht ihn ständig in das Allerinnerste, ohne daß er es weiß: weil es sein Ziel ist; so wie alle Dinge nur zur Ruhe kommen an ihrem Platz."

Wie aber? Der „inwendige Mensch"? „Gott und meine Seele"? Wo bleibt die Welt? *Wo der Bruder?*

Die Sterne auf dem Gewand, der Himmel, er leuchtet nur auf in der Begegnung! Wenn der Mensch zu der Wahrheit kommt, die er vor Gott ist, dann entdeckt er in der tiefen Bedürftigkeit seines Daseins, daß er dem gehört, dessen Bild er ist, und daß er mit der Preisgabe und Hingabe an ihn, seinen Ursprung, die Seligkeit findet. Gott aber begegnet uns im Menschenbruder. Der Bruder ist uns *das* Bild Gottes, das uns nicht nur an Gott erinnert, sondern in dem Gott selbst auf uns zukommt, Er, der in Jesus Christus, dem „Bild des unsichtbaren Gottes" (Kol 1,15), menschlich und brüderlich auf uns zugekommen ist.

Wenn der Mensch wahrhaft bei sich selber einkehrt und in der Tiefe seiner Seele seine selige Bedürftigkeit erfährt auf das unendliche Du hin, seine dürstende Offenheit, die sich hinzugeben verlangt an dieses erfüllende Du („Mein Gott, du grundloser Quell, laß mein Herz versinken in dir wie einen in den Brunnen gefallenen Krug, auf daß du ihn füllest, ohne uns, mit dir". Marie Noël); wenn er in diesem Zu-sich-selbst-Kommen erfährt, wie der Abgrund seiner Seele den Abgrund Gottes ruft, dann ist auch die Stunde da, in der der Mensch die Nähe Gottes erkennen kann im Antlitz des Bruders. Aber auch das andere gilt: Wer immer sich aufmacht, im Antlitz des Bruders den Glanz Gottes zu suchen, ihm senkt sich der Himmel ein in die Tiefe seiner Seele.

Ist dieser Mann in der Gefahr, den zu verfehlen, der „intimior intimo meo" (mir ‚innerer' als mein Innerstes) ist? Er läuft in das Äußere. Er er-innert sich nicht. Er hört nicht – oder: beginnt er jetzt, in diesem Augenblick, zu hören? Zu hören auf die Stimme, die nicht im Gewittersturm ist, sondern „Stimme eines verschwebenden Schweigens" (1 Kön 19, 20)?

Etwas leuchtet in diesem Antlitz, aus der Seele dieses Mannes. Hildegard von Bingen sagt: „Der Seele Leuchten ist das Sehnen." Eine Ahnung ist aufgekommen in dieser Seele. Sie ist angerührt. Ein großer Augenblick ist da im Leben dieses Menschen, ein Kairos!

Und vielleicht, wenn dieser Mensch nun wirklich innehält, Umkehr hält auf seinem Weg, Einkehr in sich selbst, da wo er Gott findet, dann kommt auch der Augenblick, wo er erkennt, was Augustinus klagt: „Sero te amavi, sero te amavi! – Spät habe ich dich geliebt, spät habe ich dich geliebt. Siehe, du warst drinnen, und ich war draußen, und dort draußen suchte ich dich. Du warst mit mir, und ich war nicht bei dir. Du hast gerufen und laut gerufen und meine Taubheit mir zerrissen. Ich habe dich gekostet, und ich hungere und dürste; du hast mich angerührt, und da bin ich entbrannt nach deinem Frieden."

Vor diesem Bild will ich der Frage nachgehen: Was ist *meine* Stimme in mir (der „Engel")? Die ureigenste Stimme in mir? Was ist meine allerinnerste Berufung?

„Wo ist der Raum in mir, wohin zu mir käme mein Gott? Wo Gott hinkäme zu mir, Gott, der Himmel und Erde geschaffen? Also ist, Herr, mein Gott, etwas in mir, was dich fassen könnte?

Wer gibt mir, daß ich Ruhe finde in dir?

Was bist du mir? Sag mir um deiner Barmherzigkeit willen, Herr, mein Gott, was du mir bist!

Sprich zu meiner Seele: Ich bin dein Heil! Sprich so, daß ich höre! Siehe, die Ohren meines Herzens sind vor dir, Herr, öffne sie und sprich zu meiner Seele: Ich bin dein Heil!

Nachlaufen will ich hinter deiner Stimme und dich fassen. Verbirg dein Angesicht nicht vor mir; sterben will ich – nicht zu sterben: dein Angesicht zu schauen.

Eng ist das Haus meiner Seele, in das du kommen magst zu ihr: mach du es weit!" (Augustinus)

Die Verheißung an Abraham

Wiener Genesis

Abraham lebt in einem fremden Land. Jahrzehnte der Wanderschaft sind dahingegangen seit dem Tage, da die Stimme ihn zum ersten Mal rief: „Geh du aus deinem Land, aus deiner Verwandtschaft, aus dem Haus deines Vaters in das Land, das ich dich sehen lassen werde. Ich will dich zu einem großen Stamme machen und will dich segnen und will deinen Namen großwachsen lassen" (Gen 12, 1–2). Nun ist er alt geworden, er ist an die Grenze des Lebens gekommen, und die Verheißung Gottes hat sich nicht erfüllt. Der Weg Abrahams scheint in die Enge zu führen, aus der es keinen Ausweg mehr gibt.

Da geschieht es: In einer Nacht bei Hebron, da Abraham in seinem Zelte liegt und vielleicht die qualvolle Frage nach dem Sinn seines einsamen Lebens sein Herz zusammenpreßt – da ist die Stimme wieder da:

„Fürchte dich nicht, Abraham! Ich bin dir Schild; dein Lohn ist sehr reich!"
Da sprach Abraham: „Ach, Herr, Gott, was kannst du mir geben, da ich kinderlos dahinleben muß und der Damaszener Eliezer Anwart meines Vermögens wird?" Und Abraham fuhr fort: „Mir hast du ja keine Nachkommenschaft gegeben, und so wird mein Haussasse mich beerben."
Aber da erging das Wort des Herrn an ihn also: „Nicht dieser wird dein Erbe sein, sondern ein leiblicher Sohn wird dich beerben." Und er führte ihn hinaus ins Freie und sprach: „Blicke empor zum Himmel und zähle die Sterne, ob du sie zählen kannst!" Und er sprach zu ihm: „So zahlreich soll deine Nachkommenschaft sein."
Abram glaubte Gott, und der rechnete es ihm als Verdienst an.   Gen 15, 1–6

„Er führte ihn hinaus ins Freie", so sagt der uralte Bericht. „Er führte mich hinaus ins Weite", so singt der Psalm 18. Das ist der Augenblick, den unser Bild zeigt.

Abraham steht da auf dem Weg, auf den Gott ihn gestellt hat. Um ihn wächst die glühende Sternennacht empor. Lauschend und schauend hält der alte Wanderer und Hirte sein Antlitz der Stimme und der Weisung hin, die von oben aus der unendlichen Tiefe der Sternennacht zu ihm kommt. Aus dem Schatten von Schmerz und Zweifel hat Abraham sich aufgerichtet – nun ist alles an ihm Ehrfurcht und Erwartung. „Blicke empor zum Himmel und zähle die Sterne" – o, er will nicht zählen, er will vertrauen! Er steht da, wie ein Priester steht, gewandet wie ein Priester. Er steht da so hinlauschend und hinschauend, daß sein Fuß vergißt zu gehen. Übergroß bis an den fernen Horizont die unfaßbare Verheißung Gottes! Ob ihm, dem Vater des Glaubens, in dieser Stunde die Gnade gegeben ist, in der äußersten Ferne über die Kette der Söhne und Sohnessöhne hin die letzte Erfüllung zu ahnen, den Sohn der Verheißung, der aus seinem Geschlecht hervorgegangen: Jesus, den Christus? Ob es diese Stunde ist, von der dieser Christus geheimnisvoll sagt: „Abraham, euer Vater, frohlockte, daß er meinen Tag sehen sollte; er sah ihn und freute sich" (Joh 8, 56)?

Unzählbar die Sterne. Unzählbar die Söhne, „die große Schar, die niemand zählen kann, aus allen Nationen und Stämmen und Völkern und Sprachen" (Offb 7, 9).

Die Hand Gottes, aus dem Raum der Ewigkeit, aus dem Raum des „unzugänglichen Lichtes" (1 Tim 6, 16) ins Diesseitige der Menschenwelt durchstoßend, weist ihm den Weg in diese Ferne, die nichts als Erfüllung sein wird. (Wie im Segensgestus der Ostkirche sind Daumen und Mittelfinger übereinandergelegt.)

Abraham steht da mit verhüllten Armen. „Mit verhüllten Armen empfängt man nicht das Wechselgeld der Schafhirten – mit verhüllten Armen empfängt man Gottes heiligen Segen" (A. Goes). Ehrfurcht und reines Empfangen.

Abraham wird in der Kraft des Glaubens den Schritt tun auf diesen Weg, der ins Unbegrenzte führt. Aber dies Unbegrenzte wird die Zukunft sein, der auf ihn Zu-Kommende! Der Weg geht von links nach rechts; das ist die Richtung auf das Du! Alles auf diesem Bild weist in diese Richtung. Und wenn Abraham dort angekommen sein wird, dann wird er erkennen, daß er *den* wiedergefunden hat, der ihn auf den Weg gewiesen hat: „Wer mich sieht, sieht den Vater" (Joh 14,9).

„Abraham glaubte Gott", so schließt der Bericht. Dieses Bild zeigt den Glauben Abrahams: Er vertraut sich der Hand Gottes an, er geht auf den Weg, den Gott zeigt. Auf diesem Weg entfernt er sich nicht von Gott: Die Glut dieser Nacht, die ihn umgibt, bleibt die brennende Nähe Gottes, Seine Liebe, Verheißung und Erfüllung zugleich.

Paulus sagt: „Erkennet denn, daß die aus Glauben echte Söhne Abrahams sind" (Gal 3,7). So schaue ich mit diesem Manne auf, dorthin, wo die Hand Gottes hinweist auf den Weg, den ich gehen soll. Aber die Stimme, die zu mir sagt: „Geh!", sie ist nicht nur Gebot, sie ist nicht nur Verheißung – sie ist Segen und Kraft. Sie ist Sein Mitgehen! Und der Weg, den ich gehe, ist doch schon Ziel. Denn es ist nicht mehr das Noch-nicht des Abrahamsweges. Schon ist uns *der* entgegengekommen, der gesagt hat: „Ich bin der Weg!" Und: „Ich bin die Tür!" Indem ich anfange, auf diesen Weg zu gehen, aus dem Zweifel kommend wie Abraham und vertrauend wie Abraham, die Hände ausgebreitet wie jener in Ehrfurcht und reinem Empfangen, werde ich erfahren: wie die Dunkelheit glühend wird von Verheißung.

Ich sehe das Ziel nicht. Wie ein ungeheures Wagnis erscheint mir dieser Aufbruch, diese Wanderschaft, der Exodus, das Weggehen aus meinem Zuhause. Schmal geht da unten der Weg in die Ungewißheit hinein. „Geh!", sagt mir die Stimme. Tue, was ich dir sage. Tue es einfach, weil Ich es bin, der es dir sagt!

Und da ich auch nur den ersten Schritt tue, kommt vom Ziel her ein Schimmer des Lichtes, der einst Abraham am Anfang seines Weges frohlocken ließ: „Er sah ihn und freute sich".

Antoine de Saint-Exupéry schreibt am Ende eines Buches: „Im Verlaufe dieses Buches habe ich einige Menschen vorgestellt, die offensichtlich einer gewaltigen Berufung gefolgt sind. Sie haben sich die Wüste und Flugstrecke gewählt, so wie andere ins Kloster gegangen sind. Eine Berufung ist zweifellos von grundlegender Bedeutung. Manche Leute bleiben für ihr Leben in ihren Geschäften stecken, andere aber gehen mit untrüglicher Sicherheit einen Weg in ganz bestimmter Richtung. Man denke nur an die Geschäftsleute, die in einer furchtbaren

Brandnacht über sich hinausgewachsen sind. Sie sind sich auch selbst bewußt, bei dieser Gelegenheit ihre Erfüllung gefunden zu haben; diese Brandnacht bleibt für sie die große Nacht ihres Lebens.

Aber mangels neuer Gelegenheiten, mangels einer geeigneten Umwelt, mangels eines Glaubens, der etwas von ihnen verlangt, sind sie wieder eingeschlafen, ohne an ihre Größe zu glauben. Die Berufungen können wohl dem Menschen zur Befreiung helfen; aber zuvor muß er es fertigbringen, seine Berufung freizulegen. – Flugnächte, Wüstennächte sind nicht jedem geschenkt."

„Flugnächte, Wüstennächte sind nicht jedem geschenkt." Ist es so? – Diese Hand, die da aus den Tiefen der ewigen Räume sich dem Menschen zuneigt, ergreift auch den – oder muß es heißen: *gerade* den? –, dessen Leben in Enge und Angst, in Verwirrung und Sünde schmal und klein zu bleiben droht: „Er griff nach mir!" (Ps 18, 17).

„Abraham glaubte Gott!"

Als Abram neunundneunzig Jahre war, ließ ER *von Abram sich sehen und sprach zu ihm:*
Ich bin der Gewaltige Gott.
Geh einher vor meinem Antlitz! Sei ganz!

Gen 17, 1

Abraham ist an der Grenze seines Lebens angekommen: Da tritt Gott ins Offene. Groß in jedem Wort beginnt diese Offenbarung: „Da ließ ER von Abram sich sehen" – immer ist Er es, der sich zu erkennen gibt – „Ich bin der Gewaltige Gott. Geh einher vor meinem Antlitz!"

Gottes Blick, in dessen Lichtbahn Abraham gehen soll, ist Allmacht, der Blick aus seinem Antlitz ist Segen, der auf Abrahams Weg sich senkt. Sein Antlitz gibt Weisung, Sendung: Geh! So war ja das erste Wort, das an Abraham erging: Geh! Aber nun hat dieses „Geh einher" doch einen neuen Klang; es ist nicht das Einmalige des Anfangs, der Aufbruch, in welchem der Glaube beginnt im ersten Anruf Gottes. Dieses erste „Geh!" wird zum „Geh einher vor meinem Antlitz," ein Kontinuierliches – gegen den punktuellen Glauben, in welchem der Mensch versucht ist, immer wieder sich anzusiedeln unterwegs, sich hier und da zu sichern, weil ein geheimes, nicht eingestandenes Mißtrauen, eine verborgene Kleingläubigkeit gegen Gott in ihm ist. Es ist, als komme ganz in der Ferne, am Horizont, da der Alte Bund in den Neuen hineinwächst, dieses „Geh einher vor meinem Antlitz" zur Reife in dem „Bleiben" des Johannesevangeliums: „Bleibet in mir"; „Bleibet in meiner Liebe".

„Sei ganz!", so wie das Opfertier des Alten Bundes unversehrt, fehlerfrei, vollständig sein mußte. „Es ist die Beschlagnahme seines ganzen Lebens, das hinfort im Angesicht dieses offenbar gewordenen Gottes gelebt werden soll" (G. von Rad). Sei ganz in der Lichtbahn, die von meinem Antlitz ausgeht, sei ganz darin, lebe ganz davon! Vorher ist Abraham seine eigenen Wege gegangen, Wege des heimlichen Mißtrauens gegen Gott: Mit Hagar, der Magd, hatte er den Sohn gezeugt, der der unfruchtbaren Sara trotz aller Verheißungen Gottes versagt blieb. Der Glaube Abrahams in Gottes Zusage war klein geworden; er hatte auf eigenen Wegen, Umwegen, ungeduldig drängend der Verheißung Gottes zur Erfüllung verhelfen wollen: er hatte Gott hintergehen wollen. Aber Hagars Sohn war nicht der Sohn der Verheißung. Nun wird er in diesem Wort wieder auf den *einen* Weg unter dem Antlitz Gottes gerufen: „Sei ganz!", sei nicht zwiespältig in deinem Glauben und Leben; stelle dein Leben und deine Zukunft völlig und ganz allein auf mich! Sei ungeteilt!

Das Neue Testament wird von dem „reinen Herzen" sprechen, jenem Herzen, das ungeteilt und lauter Gott hingegeben ist, das keinen Vorbehalt, kein Falsch, keine eigene Sicherung mehr kennt. Es wird in Simon Petrus den Glauben fordern, der das eigene Boot verläßt und sich, *im Blick auf den Herrn,* dem Weg anvertraut, der über den Abgrund geht. Es wird von dem Kindsein sprechen, jener wesentlichen Grundhaltung des Herzens, in der der Mensch weiß, daß er nur von Gott her leben und aufleben kann, als Empfangender: in der Totalität des Empfangens!

„Sei ganz!" – dieses Wort steht in der Genesis. Genesis aber ist Schöpfung, ist Anfang. Und so dürfen wir dieses Wort Gottes nicht nur verstehen im Sinne einer Aufforderung: Es ist zugleich Schöpfungswort, wie mit ausgestreckter Schöpferhand gesprochen, so wie der Herr im Evangelium zu dem Aussätzigen sprechen wird: „Sei rein!" Gott macht in diesem Wort mit Abraham wieder den neuen Anfang: Nach allem Irrweg Abrahams ins Ausweglose stellt Gott ihn nun wieder in diesem „Sei ganz!" auf den Weg, der allein zum Ziel führt, zu jenem Ziel, das über Isaak, den Sohn der Verheißung, weit hinausführt bis zu jenem Sohn Abrahams, der fern am Horizont der Heilsgeschichte steht und von sich sagen wird: „Ehe Abraham war, bin ich!"

Das Wort Gottes an Abraham ist nicht verklungen. Denn es ist ja ein Wort, das auf einen Weg hin gesprochen ist, zu Abraham und zu allen, die aus ihm hervorgehen werden. Und so ist also dieses Wort auch zu uns, den „Kindern Abrahams", gesprochen, denn auch wir sind auf dem Wege, und das Wort wird erst an sein Ziel gekommen sein, wenn „die Vollzahl" erreicht ist und jener Äon offenbar wird, in welchem wir „mit Abraham, Isaak und Jakob zu Tische sitzen".

Inmitten der Dämmerungen einer anonymen Welt, die kein Angesicht trägt, inmitten der Dunkelheiten einer Welt, in deren schauerlichen Abgründen die Vernichtung lauert, dringt dieses Gotteswort an unser Ohr und weckt in uns den Glauben, daß *sein* Antlitz über unserem Weg ist und daß wir *mit ihm* in die noch unenthüllte Zukunft schauen: daß wir in die gleiche Richtung schauen dürfen mit Gott!

Da erschien ihm der Herr im Feuer

Dietrich Kirsch

Mosche war der Hirt der Schafe Jitros seines Schwähers, Priesters von Midjan. Er leitete die Schafe hinter die Wüste und kam an den Berg Gottes, zum Choreb. Und SEIN *Bote ließ von ihm sich sehen in der Lohe eines Feuers mitten aus dem Dornbusch.*
Er sah: da, der Dornbusch brennt im Feuer, doch der Dornbusch bleibt unverzehrt.
Mosche sprach: Ich will doch hintreten und ansehen dieses große Gesicht – warum der Dornbusch nicht verbrennt.
Als ER *aber sah, daß er hintrat, um anzusehn, rief Gott ihn mitten aus dem Dornbusch an, er sprach: Mosche! Mosche!*
Er sprach: Da bin ich.
Er aber sprach: Nahe nicht herzu, streife deine Schuhe von deinen Füßen, denn der Ort, darauf du stehst, ist Boden der Heiligung.
Und sprach: Ich bin der Gott deines Vaters, der Gott Abrahams, der Gott Jizchaks, der Gott Jaakobs. Mosche barg sein Antlitz, denn er fürchtete sich, zu Gott hin zu blicken.
ER *aber sprach: Gesehn habe ich, gesehn die Bedrückung meines Volks, das in Ägypten ist. Ihren Schrei vor seinen Treibern habe ich gehört, ja, erkannt habe ich seine Leiden.*
Nun geh, ich schicke dich zu Pharao, führe mein Volk, die Söhne Ißraels, aus Ägypten!
Mosche sprach zu Gott: Da komme ich denn zu den Söhnen Ißraels, ich spreche zu ihnen: Der Gott eurer Väter schickt mich zu euch, sie werden zu mir sprechen: Was ists um seinen Namen? – was spreche ich dann zu ihnen?
Gott sprach zu Mosche: Ich werde dasein, als der ich dasein werde. Und sprach: So sollst du zu den Söhnen Ißraels sprechen: ICH BIN DA *schickt mich zu euch.* Ex 3, 1–7.10.13–14

(Übertragung von Martin Buber)

Kein Prophet sprach: „Gott ich brenne!"
Jeder war von Gott verbrannt
Kein Prophet sprach: ‚Ich erkenne!'
Jeder war von Gott erkannt." Jochen Klepper

Alles ist brennender Himmel, ein einziges Lodern. Dieser Einsame, getroffen vom Feuerglanz der anderen Welt, zurückgeworfen. Abwehr. Erschrecken.

„Mosche, Mosche" – die Stimme reißt ihn zurück vor der Todeszone.

Erkennen vor diesem Bild: daß Gott Gott ist! Feuer. Unnahbar. Der Andere.

Eine alle Aussicht versperrende Feuermauer, eine feindliche Festung, ein Alarmruf, Feuerzeichen ... Erdbebensphäre ... Das unbedingte Halt! gegenüber aller menschlichen Unruhe und das unbedingte Vorwärts! gegenüber aller menschlichen Ruhe, das Ja in unserem Nein und das Nein in unserem Ja, der Erste und der Letzte und als solcher der Unbekannte, nie und nimmer aber eine Größe unter anderen in der uns bekannten Mitte.

Karl Barth

Aber – aus dem Feuer die Stimme! Der Mensch bei seinem Namen gerufen! Der von Gott Angerufene!

Hier ist Wort. Und schon – wenn auch zu Tode erschrocken – Antwort des Menschen: „Da bin ich."

Antlitz im Feuer: „Ich bin der Gott deines Vaters. Der Schrei der Söhne ist zu mir gekommen. Gesehen habe ich, gesehen die Bedrückung meines Volkes ..."

Und aus dem Feuer Sein Name:
ICH BIN DA!
Sein Mitgehen
Bis an den Horizont aller Geschichte.

Simson mit dem Löwen

Nikolaus von Verdun

Erinnern wir uns noch der seltsamen, abenteuerlichen Geschichten, die im Alten Testament das Buch der Richter von Simson erzählt? „Es war das eine sehr rauhe, urwüchsige Zeit, eine Art Frühmittelalter, jugendfrisch, kraftstrotzend, nicht wehleidig, nicht human, sondern oft grausam" (G. von Rad).

Seiner Mutter wird schon vor der Geburt gesagt: „Der Knabe soll ein Gottgeweihter sein – er wird anfangen, Israel aus der Hand der Philister zu erretten" (Ri 13, 5). Er steht von Anfang an in einer besonderen Gottzugehörigkeit; Gott wird ihn brauchen zum Dienst der Befreiung. Die Kraft, die in ihm wirkt, ist Gotteskraft!

Die Geschichten, die sich um die Gestalt Simsons ranken, hören sich an wie jene Sagen, die die Phantasie der Erzähler im Volk immer neu ausschmückt. Da ist gleich am Anfang das Abenteuer mit dem jungen Löwen:

Als er zu den Weinbergen von Timna kam, siehe, da trat ihm ein junger Löwe brüllend entgegen. Da kam der Geist des Herrn über ihn, und er zerriß den Löwen, wie man ein Böcklein zerreißt, und hatte doch gar nichts in der Hand. Seinem Vater und seiner Mutter aber sagte er nicht, was er getan hatte.

Ri 14, 5–6

Der Mann hat fast ein frohes Gesicht. Er steht da, so als ob ihm nichts geschehen könne: In seiner Mitte ist er gehalten! Sein langes Haar ist Zeichen seiner Kraft; aber diese Kraft kommt in Wirklichkeit aus der Mitte, in der er steht, aus der er kämpft.

Auf den Rachen des Löwen zielt die Spitze des umrahmenden Bogens wie ein Speer. Und die Hände des Kämpfenden machen den Löwen und seinen Rachen wehrlos – fast bis zur Lächerlichkeit. Der Löwe scheint ins Leere zu greifen.

Etwas von der Freude des Mittelalters am Männlichen, am Kampf kommt in diesem Bild durch. Jemand, der dieses Bild anschaute, meinte: Wie ein Tanz ist das. Welch ein Tanz!

Es ist ein Bild des Glaubens. Es ist ein Osterbild!

Ein Hymnus der Ostkirche singt: „Heute hat *Christus* den Tod zertreten, wie er verheißen. Auferstanden ist er, und er schenkt Frohlocken der Welt!" In Simsons Gestalt erscheint Christus: „Mors et vita duello conflixere mirando – Tod und Leben stritten im Kampfe, wie nie einer war." Immer wieder findet sich in der Schrift das Bild des Löwen als das Bild der Widermächte und des Todes: „*Der Herr* hat mich aus der Pranke des Löwen errettet..." (1 Sam 17, 37 und 2 Tim 4, 17).

Wenn wir dieses Bild als Glaubende anschauen – liegt nicht für uns eine Fremdheit darin? Das Wort von Christus, *dem Helden*, will uns nicht mehr so von den Lippen, wie frühere Zeiten es glauben und sagen konnten. Es kann nur gelten, wenn wir erkennen: *Das geopferte Lamm ist es, das gesiegt hat!*

Dieses Bild kann uns sagen: Im Innersten der Welt, im Innersten unseres Daseins ist der Sieg Christi. Ist *die* Kraft Gottes.

Aber dieses Bild kann uns auch sagen, was ein Geisterfüllter vermag. Ein Geisterfüllter, der in seiner Mitte steht, der in seiner Mitte gehalten ist. Und diese Mitte ist: die Kraft Christi!

Hiob

Jakob Steinhardt

Zerrissener Himmel, zerbrochener Mond. Die Welt ein Trümmerfeld von starrenden Felsblöcken in totaler Unfruchtbarkeit, links wie eine zusammenstürzende zyklopische Mauer, die das Genick des Menschen bedroht.

Der Mensch! In lauter Klage aufschreiend zur Finsternis des Himmels. Irgendwie nimmt man wahr, daß es eine Lichtquelle gibt, aber sie ist es nicht, zu der Hiob schreit: Das, wohin er schreit, ist unendlich fern.

Die Finsternis um ihn ist ein bodenloser Abgrund. Hier ist nicht mehr Welt der Schöpfung, hier ist nur Abgrund von Finsternis, Dunkel, das in die letzte Tiefe geht. Ist überhaupt noch ein Raum da, zu Gott zu schreien? Wird der Schrei nicht verschluckt von der toten Finsternis? Das Dunkel lagert sich schon um das Ohr des Menschen – kommt keine Antwort? Das Licht auf seinem Antlitz ist fahl wie Totenlicht. Die Augen sind in die Finsternis gerichtet, aber kein Angesicht ist da, dem sie begegnen.

Der Mensch ist an sein äußerstes Ende gekommen. Er lechzt nach dem Dunkel, daß es ihn verschlinge.

Alsdann tat auf Ijjob seinen Mund und verfluchte seinen Tag.   3,1

Riefe ich, ich glaube nicht,
daß meiner Stimme er lauscht.
Er, der mich im Sturmbraus schnappt,
grundlos meine Wunden mehrt,
mich nimmer Atem holen läßt ...   9,16–18

Fährt hin er ob mir, so seh ich ihn nicht,
streift er vorbei, werd ich sein nicht gewahr.
   9,11

Die Nacht zerbohrt mein Gebein ...
Ich schreie zu dir, du erwiderst mir nicht.
   30,17.20

Das Bild verwandelt sich. Ist dies Getsemani in jener Nacht des Verrates? Verdichten sich die Wolkenfetzen am Himmel zu der Wolke, die Ihn verhüllt?

Auf diesem Einen im Garten Getsemani lastet die Finsternis der ganzen Welt. Sie drückt ihn zu Boden: „Und er fiel auf die Erde nieder" (Mk 14,35).

Hiob ruft: „Laß wissen mich, warum?" (10,2) – Schrei des Warum, Schrei der Verzweiflung aus der Qual aller Jahrtausende. Auch Jesus kennt dieses Warum. Aber in die Finsternis der Nacht, die ihn erdrücken will und die am Kreuz zur letzten Todesverlassenheit wird, ruft er: Vater!

Der Mensch ist in das Äußerste gekommen. Aber an dieser Grenze, an der es kein Weiter mehr gibt, in dieser letzten Armut des Menschen, am Rande des Abgrunds – da hat Er standgehalten und das Wort des Glaubens nicht aufgegeben: Vater!

In der innersten verborgenen Tiefe dieses Bildes kommt dem Glauben, der alle eigenen Stützen verloren hat, jenes Wort aus dem brennenden Dornbusch entgegen: *Ich bin da!*

Als die Klage und Anklage Hiobs den Gipfel erreicht hatte, da kommt ein Augenblick des Innehaltens: Hiob schlägt die Hand auf seinen Mund: letzte arme Gebärde des Glaubens – und Gott sieht!

Ich aber weiß: Mein Löser lebt,
steht auf als Letzter überm Staub.
Und dann mein Helfer sich aufrichtet,
meinen Zeugen schau ich: Gott.
Ich gewahr, ich selber schaue,
meine Augen sehn ihn, nimmer fremd.
   19,25.27
(Übertragung von Fridolin Stier)

Hieronymus

Leonardo da Vinci

Was zuerst in den Blick kommt: die ungeheure, kreisende Bewegung des Armes, die aufgenommen ist in der Rundung der Höhlung und in der Gestalt des Löwen. Die Hand des Mannes, die mit dem Stein weit ausholt zum Schlag gegen sich selbst. Dieser Mensch ist umhüllt von einer Zone der Dunkelheit, das Licht und die Landschaft mit den Bäumen, mit dem Leben, ist weit. Der Löwe, die Kreatur, scheint aufbrüllend zu protestieren gegen diesen Menschen, der sich selber so quält, der so schrecklich sein eigener Feind ist.

Das Gesicht des Mannes ist ausgemergelt von Einsamkeit, Schmerz, Elend. Er geht mit sich ins Gericht; aber sein Blick und die Neigung seines Hauptes sagen uns, daß er es nicht als Verzweifelter tut, sondern zu den Augen Gottes hin.

Was ist das, daß Leonardo, ein Mensch der Renaissance, solches gemalt hat? Darf solches gezeigt werden? Hier ist kein menschlicher Zeuge denkbar, hier ist keine Bühne – Zeuge dessen, was hier vorgeht, kann außer Gott nur die Kreatur sein, das Tier vor ihm.

Die Linke weist auf das Herz, das verwirrt ist und keinen Rat weiß.

Leonardo malte einen Heiligen. Die kreisende Bewegung in diesem Bild mündet in das geheimnisvolle Licht der Felsengrotte. Unsere Zeit würde wohl einen anderen Menschen darstellen in der Zermarterung, im inneren Aufschrei.

Dieser hier – warum diese Gebärde?
Ist dies die ewige Frage des Menschen:
Woher kommen wir?
Wohin gehen wir?

Ist dies äußerster Schrei: „Aus der Tiefe rufe ich, Herr, zu dir, höre, meine Stimme. Laß dein Ohr merken auf die Stimme meines lauten Flehens" (Ps 130, 1 f)?

Ist dies der Mensch: der verlorene Sohn?

Will dieser Mensch sich mit Gewalt auftun für die Sprache Gottes? Sich – unbeholfen – bereiten für den ganz Anderen, Unbegreiflichen? Für die Verwandlung, die nur geschenkt werden kann?

Vielleicht ist, bei aller Fremdheit dieses Bildes, etwas darin, das mich in Frage stellt.

Der Lebensbaum

St. Michael, Hildesheim

Unser Meditationsbild ist ein kleiner Ausschnitt aus dem Deckenbild der romanischen Michaeliskirche zu Hildesheim. Das Deckengemälde stammt aus der Zeit um 1200. Das erste Feld der großen Deckenfläche ist das Paradiesbild; daraus wieder ist unser farbiges Meditationsbild ein Ausschnitt.

In der Michaeliskirche wurde im Mittelalter einer Reliquie des heiligen Kreuzes verehrt. Der Kreuzesbaum aber ist der Baum des Lebens. Die Überlieferung sah eine Verbindung vom Lebensbaum des Paradieses zum Kreuzesbaum. Eine Legende sagt, daß der Mittelpunkt des Paradieses dort gewesen sei, wo später die Stadt Zion sich erhob. Adam habe einen Zweig des Lebensbaumes abgebrochen und ihn auf einem Berg, der später Golgota hieß, eingepflanzt. Daraus sei ein Baum entsprossen, und von ihm sei das Kreuz gemacht worden. Unter diesem Baum aber sei das Grab Adams gewesen.

Über dem Paradiesbild der Michaeliskirche wächst, über die ganze Fläche der Decke hin, der Jesse-Baum auf, der als Frucht den Messias hervorbringt.

Das Paradiesbild zeigt in einem roten Rundfeld, das von einem blauen Kreis umgeben ist, die Gestalten Adams und Evas. Sie stehen rechts und links vom Baum der Erkenntnis. In der linken Bildhälfte wächst der Lebensbaum mit dem segnenden Christus. (In der rechten Bildhälfte steht, symmetrisch zum Lebensbaum, ein dritter Baum; man deutet ihn als eine Symbolisierung des Lebensraumes der Seligen.)

Nicht der Fluch des Sündenfalles ist es, der auf diesem Paradiesbild lastet: Der an den Rand gerückte Lebensbaum mit dem segnenden Christus ist der eigentliche geheime Mittelpunkt des Bildes. Von ihm geht die Kraft des Segens und des Lebens aus. Er macht das Bild zu einem Bild der Verheißung: In die Menschenwelt, in der durch die Untat des Menschen das Unheil ist, strahlt der Lebensbaum Jesu heilende Kraft aus.

Das Bild vom Lebensbaum ist ein Archetypus, der sich in den Sagen und Mythen und Liedern fast aller Völker in vielerlei Gestalt wiederfindet. Unser Meditationsbild weist auf seine letzte Wahrheit und Erfüllung in Christus hin. In einer Osterpredigt preist Hippolyt von Rom diesen Lebensbaum (= Kreuzesbaum): „Dieser himmelweite Baum ist von der Erde zum Himmel gewachsen. Unsterbliches Gewächs, reckt er sich auf zwischen Himmel und Erde. Er ist der feste Stützpunkt des Alls, der Ruhepunkt aller Dinge, die Grundlage des Weltenrundes, der kosmische Angelpunkt. Er faßt in sich zur Einheit zusammen die ganze Vielgestalt der menschlichen Natur."

Wir wenden uns in der Meditation ganz diesem Christusbild zu, das da von der Krone des Lebensbaumes mit den Blättern und Früchten umschlossen wird. Die Astgabelung des Baumes bildet so gleichsam ein lebendiges christliches „Mandala". Mandala nennt man „Bilder der Mitte, die durch ihre Gestalt auf den Betrachter eine einsammelnde, mittelbildende Wirkung ausüben." Hier aber wird die einsammelnde Kraft des Bildes zugleich von einer starken Ausstrahlung belebt.

Der Lebensbaum – Ausschnitt

St. Michael, Hildesheim

Aus dem tiefblauen Hintergrund tritt Seine Gestalt segnend hervor. Seine Augen schauen uns in großem Ernst an: sie erkennen mein ganzes Leben! –

Christus ist der lebendige Mittelpunkt der Welt. Das Herz der Welt. Von ihm geht alles Leben aus. Er ist die Fruchtbarkeit jeden Lebens:

Ich bin der Weinstock, ihr seid die Rebzweige. Wer in mir bleibt und ich in ihm, der bringt viele Frucht. Denn ohne mich könnt ihr nichts tun. Bleibt in meiner Liebe. Ich habe euch erwählt und euch dazu bestimmt, daß ihr Frucht bringt und eure Frucht bleibe.

Joh 15, 5.9.16

Dieses Bild kann uns aber auch sagen: Christus ist das Ziel aller Geschichte, aller „Evolution", ihre Vollendung, ihre kostbare Frucht. „Wenn es wahr ist, daß am Ende der Triumph des Geistes steht, das heißt der Triumph der Wahrheit, Freiheit, Liebe, dann ist es nicht irgendeine Kraft, die am Schluß den Sieg davonträgt, dann ist es ein Antlitz, das am Ende steht. Dann ist das Omega der Welt ein Du, eine Person, ein einzelner" (Joseph Ratzinger).

Herr, du erkennst mein Leben. Du siehst auch die Unfruchtbarkeit meines Lebens. Aber du kannst mein Leben segnen. Du kannst noch die verdorrte Rebe wieder beleben, daß sie fruchtbar wird.

Belebe mich ganz von innen her: mit der Kraft deines lebenspendenden Geistes. Sei du in meinem Innersten als *das* Leben. Erhebe segnend deine Hand über mein Leben. Laß mein Leben nicht sein wie jenen Feigenbaum, den du in der Pracht seiner Blätter fandest, aber ohne Frucht. „Jeder gute Baum bringt gute Früchte": Gewähre du dies meinem Leben.

Das Bild zeigt dich als das Leben des Lebensbaumes. Der Kreuzesbaum aber ist der Lebensbaum. An ihm ist dein Gesetz der Fruchtbarkeit Wirklichkeit geworden: „Wahrlich, wahrlich, ich sage Euch: Wenn das Weizenkorn nicht in die Erde fällt und stirbt, bleibt es für sich allein. Wenn es aber stirbt, bringt es viele Frucht." Du hast dich als Saatkorn in den Acker der Welt werfen lassen, und aus deinem Sterben wurde *die* Fruchtbarkeit der Welt.

Laß dieses Gesetz der Fruchtbarkeit auch mein Leben bestimmen: Daß ich mich überlasse der Hand des Vaters im Himmel; daß ich ja sage zur Aufgabe meines Lebens; daß du selbst mit der Kraft deiner Hingabe immer neu in mir lebendig werdest.

Was ist denn *die* Fruchtbarkeit meines Lebens, die Du meinst: „daß ihr hingeht und Frucht bringt und eure Frucht bleibe"? Du hast es gesagt: „Daß ihr einander liebt wie ich euch geliebt habe! Das trage ich euch auf: daß ihr einander liebt!"

Herr, du schaust auf deine Gemeinde. Gewähre ihr, dein Wort und deine Segnung so aufzunehmen, daß sie mit dir immer mehr lebendiger Weinstock wird.

Herr, dies gibt mir Vertrauen: Nicht ein unbekannter Gott, nicht der Unendliche, Ewige wird richten über Fruchtbarkeit oder Unfruchtbarkeit meines Lebens, sondern du! Der du unser Menschenbruder bist – du wirst unser Gericht sein. Sei es als dieser, der unser Leben segnen will.

Zachäus klettert auf den Baum

Reichenauer Evangeliar

Und siehe, da war ein Mann mit Namen Zachäus, der war Oberzöllner und reich. Er wollte gern Jesus sehen, wer er wäre, konnte es aber wegen der Volksmenge nicht, weil er klein von Gestalt war. Da lief er voraus und kletterte auf einen Maulbeerfeigenbaum, um ihn zu sehen; denn da mußte er vorbeikommen.   Lk 19, 1–4

Da klettert er nun; der Baum ist zur Initiale geworden – ja, ein wunderbarer Anfang wird das werden! (Ein Herz unten und oben an diesem Baum kann man erkennen, wenn man will.) Er war nicht zum Klettern gerüstet, das sieht man; spontan ist es über ihn gekommen, daß es ihn da hinauftreibt mit seiner vollen Montur, den reichen Zachäus einen Maulbeerfeigenbaum hinauf! Die Beine und die Augen sagen: Schnell da oben hinauf! Ich muß ihn sehen.

Nicht sehr edle Hände scheinen das zu sein, aber zupackende. Was haben sie wohl früher umklammert! Den Geldbeutel, irgend etwas Gerafftes? Jetzt sind sie nicht wie beim Raffen, jetzt sind sie zum Aufsteigen da: Denn hier muß er vorbeikommen!

Im offenen Blickfeld, im offenen Raum des Gesehenwerdens steht die Baum-Initiale.

Und als Jesus an die Stelle kam, blickte er empor und sprach zu ihm: Zachäus, steig eilends herab! Denn ich muß heute in deinem Hause einkehren. Da stieg er eilends herab und nahm ihn mit Freuden auf.   Lk 19, 5–6

Der Blick Jesu gewahrt in der großen Menge nur diesen. Und Zachäus steigt hinunter, aber nun ist das „Unten" ein anderes, ein ganz neues geworden. Zachäus wollte ungesehen sehen; nun ist er gesehen worden. Und dies Gesehensein bringt die ganze Verwandlung: vor diesem Antlitz! „Sieh, Herr, die Hälfte meiner Habe gebe ich den Armen."

Der verlorene Sohn

Rembrandt

Hier ist jetzt kein Wort mehr. Wortloses Sichbergen in das Erbarmen des Vaters. Das Bekennen legt sich in das Geheimnis dieses Erbarmens, das den Elenden ganz umfängt.

Der Vater nimmt den Sohn auf, nicht nur in sein Haus: Er nimmt ihn ganz an, hüllt ihn ein in seine Liebe. Keine Fragen, kein Vorwurf.

Auf dem Verlorenen, dem Heimgekehrten, ruhen seine Hände – sie tun wohl! Nun ist er angekommen, am richtigen Ort angekommen: Er ist beim Vater. Nun friert er nicht mehr im Draußen.

Wenn man das Bild zur Mitte hin falten würde: Die Mitte ist das Herz des Vaters und das Haupt des Sohnes. Hier ausruhen – sonst nichts.

Dies alles ist vor jedem Wort. Gleich wird der Vater ihn kleiden lassen mit Festgewand und Schmuck und Ring – jetzt birgt er ihn in seinen Händen, in seinem Erbarmen. Eben noch hat der Vater ausgeschaut in die Ferne – jetzt ist nur noch Nähe: Du mein Sohn! Der Sohn kann ein anderer sein: ich, du. Aber der Vater, sein Angesicht bleibt – so ist Gott!

Nahe ist der Herr denen,
die zerbrochenen Herzens sind. Ps 34,19

Wie könnte ich von dir lassen?
Mein Herz kehrt sich um in mir,
all mein Erbarmen ist entbrannt. Hos 11,8

Der Sohn, der an der Brust des Vaters ruht,
er hat uns Kunde gebracht. Joh 1,18

Die Ströme, sie überfluten dich nicht

Ikone, russisch

Die grünen Wogen wollen von allen Seiten über dem Boot zusammenschlagen. Im Kontrast zu dem Rot der Umrahmung wird das Ausgeliefertsein der Menschen an diesen Abgrund dunkler Bedrohung und Angst noch deutlicher.

Im Boot kauern drei Ängstliche, ganz in sich eingeschlossen. Sie verkriechen sich ins Boot, als ob das Boot schützen könnte. Der Vordere will die hinter ihm schützen und vermag es doch nicht in seiner Angst. Sie sind drei, aber eins in der Angst, in der sie sich hintereinander verstecken. Aber der Heilige ist da! Und der Widerschein seines Lichtes, der wie ein helles Segel ist. Er sitzt da in großer ernster Ruhe. Sein Blick geht auf die Verängstigten und ruht doch zugleich in sich selbst. Hier ist keine Angst. Er sitzt ganz frei, seine Hände auf dem Schoß gefaltet. Er wagt es, allein zu sein, und benutzt sein Alleinsein, um Gegenüber zu sein.

Ein Heiliger ist dies. Aber – ist nicht dies Leuchten von einem anderen, für den dieser Heilige transparent ist? Und so tritt in meiner Meditation dieser Heilige immer mehr zurück: *der* Heilige, Christus selbst ist es und sein leuchtender Widerschein, die schützende Flamme, die aufsteigende Erbarmung, die da ist, auch wenn meine Augen gehalten sind, daß ich sie nicht erkenne, so wie diese drei sie nicht sehen können.

Im Vorgang der Meditation lasse ich das Bild in dieser seiner Konkretheit immer mehr zurück; in mir wird die Wirklichkeit, die dieses Bild meint, neue Gestalt.

Der Herr ist neben mir. Nicht wie von außen her ist er uns Hilfe in unserer Angst. Er ist in unsere Angst und Todverfallenheit hineingegangen und hat sie für uns als seine eigene auf sich genommen. Die Wogen der Angst, der Todesangst sind über ihm zusammengeschlagen:

Und er begann zu zittern und zu zagen ... Und als er in Todesangst geriet, betete er inbrünstiger, und sein Schweiß wurde wie Blutstropfen, die auf die Erde fielen ... Und um die neunte Stunde rief Jesus mit lauter Stimme: Mein Gott, mein Gott, warum hast du mich verlassen? Mk 14,33; Lk 22,44; Mk 15,34

Alle unsere Angst und Todesnot hat er auf sich genommen, gehorsam bis in die Stunde der Finsternis: für uns! Gott aber hat ihn auferweckt, den Ersten von den Toten, den Ersten, der für immer aller Angst und jedem Tod enthoben ist: So ist er uns nahe – in unserer Angst: Rettung und Bergung.

Ich berge mich in seinem Nahesein, das mich umschließt wie Licht.

Und ich vertraue ihm den Menschenbruder an, den ich neben mir weiß in seiner Angst und Ungeborgenheit.

*So hat Er gesprochen,
dein Schöpfer, Jakob,
dein Bildner, Israel,
fürchte dich nicht,
denn ich habe dich ausgelöst,
ich habe dich mit Namen gerufen,
du bist mein.
Wenn durchs Wasser du ziehst,
bin ich mit dir,
durch die Ströme,
sie überfluten dich nicht.
Denn* Ich *bin dein Gott,
Der Heilige Israels ist dein Befreier.* Jes 43,1–3

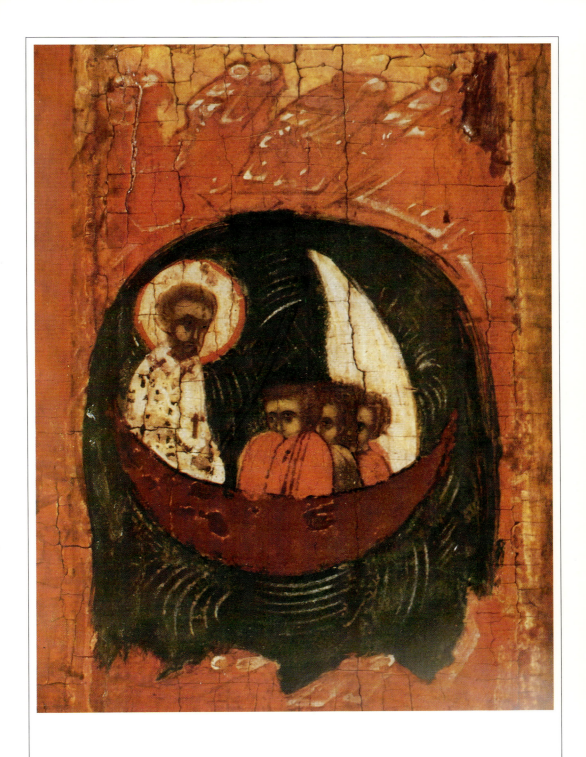

Die Hand Gottes im Torbogen der Kirche

San Clemente, Tahull

Die großen Kreise: Ewigkeit, Fülle und Einfachheit, Ruhe und Bewegung. Die Kreise stehen im quadratischen Raum: Die Vierzahl ist die Zahl der Welt, des geschaffenen Kosmos.

Aus dem Weiß der Mitte kommt die Hand hervor, aus dem Raum des unzugänglichen Lichtes. Voller Geheimnis ist dieses Weiß, das „überhelle Licht" oder die „lichte Dunkelheit", wie es die Mystiker nennen. Gott sagt bei der Tempelweihe, daß er im Dunkel wohnen wolle (1 Kön 8, 12).

Seine Hand hält sich mit gütiger, einladender Gebärde dem Menschen hin. Sie streckt sich hin über den innersten Kreis in der königlichen Purpurfarbe, mit der im heiligen Zelt die Gegenwart Gottes geehrt wurde, geheimnisvoll-dunkel, wie zum Schutz gegen das überhelle Licht; über den blauen Kreis, in dem sich der Himmel zur Erde wendet; über den roten Kreis, der Farbe des Geistes, der Liebesmitteilung Gottes zur Welt hin (und auch der Farbe des Opferblutes, der letzten Hingabe).

Man denke sich einmal für einen Augenblick die Hand fort – es blieben die geometrischen Formen, die farbigen Kreise mit dem hellen Innenraum – welche Erstarrung! Aber nun ist *diese* Hand da! Diese Hand, die Gestalt ist. Tröstlich kommt sie hervor, göttliche Menschenhand. Nur die Hand ist lebendig und macht lebendig. Sie hat die Farbe der Herrlichkeit und Würde, von Licht überder Schöpfung. Sie hält sich hin, öffnet sich, berührt, schafft, segnet – der ganze Kreis ruht darin, wird gehalten; sie ist das Leben in allem.

Das große Viereck ist die Welt. Aber die Welt hat eine Mitte. Und diese Mitte ist das Leben! *Das unendliche Entgegenkommen! Du!*

Von Gott wird nicht nur der Saum des Gewandes gesehen, wie Jesaja es sah: „Seine Schleppe füllte den Tempel" (6, 2), sondern die Hand! Die Hand, die Augustinus nennt: signum concordiae, signum consonantiae – Zeichen der Verbundenheit zum Du hin, Zeichen der Hingabe, der Treue, auch der Vergebung.

Die Hand ist im Torbogen der Kirche: Sie will geleiten von außen nach innen, aber sie kommt aus dem Innersten. Sie ist Schenken – und doch: Sie ist hingereicht, daß man sie fülle mit sich selbst. Es ist die große, aus dem Herzen Gottes kommende Einladung: zu mir!

In der Meditation muß dieses Bild in mir meine Wirklichkeit werden.

Ich sprach: Hier bin ich! hier bin ich!
Ich breite all den Tag meine Hände hin.

Jes 65, 1 f

In meine Hand habe ich dich geschrieben.

Jes 49, 16

Vater, in deine Hände befehle ich mein Leben.

Lk 23, 46

Und kam sehend zurück

Dietrich Kirsch

Im Vorübergehen sah Jesus einen Mann, der von Geburt an blind war. Seine Jünger fragten ihn: Meister, wer hat gesündigt, der oder seine Eltern, daß er blind geboren worden ist? Jesus antwortete: Weder er noch seine Eltern haben gesündigt, sondern es ist geschehen, damit Gottes Werke an ihm offenkundig werden. Ich muß die Werke dessen wirken, der mich gesandt hat, solange es Tag ist. Es kommt die Nacht, da niemand wirken kann. Solange ich in der Welt bin, bin ich das Licht der Welt. Als er dies gesagt hatte, spie er auf den Boden, machte mit dem Speichel einen Teig und strich den Teig auf die Augen des Blinden und sagte ihm: Geh und wasche dich im Teiche Schiloach, das heißt übersetzt: Gesandter. Der ging fort, wusch sich und kam sehend zurück.
Die Nachbarn und die Leute, die ihn früher als Bettler gesehen hatten, sagten: Ist das nicht der nämliche Mann, der dasaß und bettelte? Einige sagten: Er ist es. Andere: Durchaus nicht, er sieht ihm nur ähnlich. Jener aber sagte: Ich bin es wirklich. Da sagten sie zu ihm: Wie bist du denn sehend geworden? Jener antwortete: Der Jesus heißt, machte einen Teig, strich ihn auf meine Augen und sagte mir: Geh hin zum Schiloach und wasche dich. Da bin ich gegangen, habe mich gewaschen und bin sehend geworden. Joh 9, 1–11

Es ist kein schönes Antlitz. Aber es ist aufgetan! Und die Augen und der Mund und die Hände jubeln. Und sein Gehen ist wie ein Tanz. „Und kam sehend zurück."

Die Hände fangen die Glut des Lichtes auf, die von oben kommt, und zugleich sind sie preisend erhoben und tragen den Dank wie man einen kostbaren Schrein trägt. Man spürt, wie durch seinen Leib ein Zittern geht, als falle ihm schwer, die unsagbare Freude zusammenzuhalten.

Das Evangelium sagt, daß dieser Mensch von Geburt an blind war. Noch ahnt man die Dumpfheit dieses armseligen Bettlerantlitzes. Was muß das sein, wenn ein Mensch, der sein Leben lang in völliger Nacht gelebt hat, der das Licht nicht kannte, plötzlich sehen kann! Das helle morgenländische Licht! – Bisher tappte er durch die Gassen; vielleicht führte ihn eine mitleidige Hand. Seine Hand tastete die Früchte und das Stück Brot und den Krug mit dem Wasser. Aber er wußte nicht, was der Himmel über der Stadt war mit seinen Wolken, mit seiner Bläue, mit den Sternen und dem Mond. Er sah das Tal nicht und nicht den Ölberg, den Tempel und das Häusermeer. Was war eine Blüte? Was war der Glanz in dem Auge des Kindes? Alles war Nacht, ohne Glanz, ohne Farben.

Und dann hörte er in der Menge, die vor ihm, der in seiner Blindheit am Straßenrand kauert, stehenbleibt, eine Stimme – die ist nicht wie die Stimme der anderen. Und sie sagt: „Ich bin das Licht der Welt." Und er hört, wie diese Stimme auf ihn zukommt, und er spürt die Hand des anderen über seinen toten Augen, und dann, wie ein Befehl und ein Segen zugleich: „Geh und wasche dich im Teiche Schiloach!"

Und in aller Kürze – welch ein Berichten! – sagt das Evangelium: „Er ging, wusch sich *und kam sehend zurück.*"

Ja, er kam zurück. Oh, daß er zurückkam! Er hätte wegeilen können durch die Gassen der Stadt, durch die Tore ins Freie, zu schauen, zu sehen, was er bisher nie gesehen! „Und kam sehend zurück", ihn zu suchen, dessen Stimme er gehört hatte: „Solange ich in der Welt bin, bin ich das Licht der Welt."

Es ist, als wichen die Häuser zurück vor seinem Jubel und vor den Wogen des Lichtes, die herabfluten von oben. Es ist als laufe dieser Mensch in ein großes Heute, in *den* Tag hinein! Es wird heller und heller um ihn. O Anfang des Weges und sein Ziel!

Die Menschen kommen aus ihren Türen. Erschrickt sie sein Jubel? Warum jubeln sie nicht mit? Warum stecken sie die Köpfe zusammen? Sehen sie nicht, daß ich sehe? Sie haben doch Augen, warum folgen sie mir nicht, Ihn zu sehen? Warum stehen sie so dunkel da?

Und Jesus sagte: Zum Gericht bin ich in diese Welt gekommen, damit die Blinden sehend und die Sehenden blind werden. Einige von den Pharisäern, die bei ihm waren, hörten das und sagten: Sind etwa auch wir Blinde? Jesus sagte ihnen: Wenn ihr blind wäret, hättet ihr keine Sünde. Jetzt aber sagt ihr: Wir sehen. Also bleibt eure Sünde. Joh 9, 39–41

In der Dunkelheit der Welt hast Du mich sehend gemacht! Du bist mein Licht. Ich darf sehen! Ich werde Dich sehen, von Angesicht zu Angesicht!

> O lux beatissima,
> reple cordis intima –
> O du seligstes Licht,
> fülle des Herzens Tiefe!   Pfingstsequenz

Freude: Der Herr ist mein Licht! Danksagung: Der Herr ist mein Licht! Bitte: Laß die, die blind sind, sehen! Laß sie sehend zu dir kommen!

Seht doch, Menschen, seht ihr nicht das Licht?
Seht ihr nicht die Glut, die aus der Höhe fällt,
und den Glanz, der aufhellt mein Gesicht?
Gott, mein Gott, ich sehe Deine Welt!

Ich kann sehen, sehen – überall ist Licht!
Meine Seele tanzt, o meine Seele singt!
Menschen, – daß ich sehe! Spürt ihr nicht,
wie der Jubel aus dem Herzen springt?

In der Nacht, in der ich lichtlos lebte,
drang das Wort des andern an mein Ohr.
Und mir war, als ob die Erde bebte,
da Er mich für Seine Tat erkor.

Und nun muß ich eilen, Ihn zu finden,
in Sein Angesicht zu schauen, Ihn zu sehn.
Ihm das Wunder, das mich traf, zu künden
und ganz hell in Seinem Lichte stehn.

Und dann will ich laufen durch die Gassen,
zu den Menschen, die da dunkel stehn.
Will in ihre Dumpfheit und ihr Hassen
mit dem Licht aus Deinem Antlitz gehn.

Herr, laß schauen uns Dein Angesichte,
die wir blind und dumpf und eng und zag;
mach uns hell und froh in Deinem Lichte,
mach uns sehend für den ewgen Tag!

III Bilder des Erlösers

Engel der Verkündigung

Matthias Grünewald

Kaum Platz ist für diesen Engel im gotischen Raum. Wie ein Feuersturm ist er, Flügel, Haare, Gewand: Feuerflammen!

Und doch ist, bei aller Sturmhaftigkeit seines Wesens, auch Verhaltenheit da. Seine Linke trägt den Stab, der ihn als Gesandten Gottes ausweist, über dieser Hand das verknotete Gewand. Die andere Hand, zart und gelockert, hält sich hin zu Maria: Durch diese Hand soll die Kraft der Botschaft von Gott übergehen auf Maria.

Der Blick des Engels ist nach innen gerichtet, das ganze Angesicht wie nach innen zurückgestellt – er ist nur Bote, neigt sein Haupt.

Die Mitte des Bildes ist seine Hand und unter ihr das Wort im aufgeschlagenen Buch: zweifach die Propheten-Weissagung: „Siehe, die Jungfrau wird empfangen und einen Sohn gebären, und sein Name wird genannt Emmanuel". (Jes 7,14; Mt 1,23)

Die Botschaft, von der wir alle leben –

Ist es so, wenn der Geist Gottes über den Menschen kommt? Wenn Gottes Wirklichkeit einbricht in das Menschendasein? Wenn der „Spruch Gottes" an den Menschen kommt?

Verkündigung

St. Viktor, Xanten

Der große Bogen von Gewand und Kopftuch, mit schweren Falten betont, ist geöffnet zum Wort hin.

Hier ist Hören, nicht Reden. Ganz gesammelt. Die Augen ganz offen, aber wie nach innen. Der Mund – nicht wie Seligkeit. Demut und ein gewisses Zagen.

Es ist kein „süßes Geheimnis", das sie vernimmt, sondern schwer und rätselhaft und mühsam für das Begreifen. Kein frohes „Hier bin ich", sondern eher etwas von dem prophetischen Fragen:

Wer bin ich denn?

Wie kann das geschehen?

Vielleicht ist dies der Augenblick, da sie die Antwort gehört hat, die die Propheten hörten:

Ich werde mit dir sein!

Hier ist ein Mensch im Anruf; ein Antlitz im Angerufensein von Gott.

Die Falte über den Augen sagt, daß sie sich bemüht, zu verstehen: Gott weiß, warum er diesen Weg geht.

Der Bogen des Gewandes ist wie ein großes Aufnehmendes. Diese Frau darf den Davidssohn bergen und ihm alle ihre Mütterlichkeit geben. Er wird zu ihrem Adel.

Es gibt zwei Weisen, in denen man bildlich darstellen könnte, was „fromm" ist: sich mit seinem Angesicht Gott ganz hinhalten, wie geöffnet sein nach oben; die Haltung der antiken Beter auf Bildern an den Wänden der Katakomben. Und: sich beugen vor dem Herrn, bis zum Zu-Boden-Geworfensein. Hier ist anderes.

Die Heilige Familie

Rembrandt

Ist dies eine Idylle? – Etwas Geheimnisvolles, ja etwas Unheimliches liegt in der großen Stille dieses Bildes.

In der Mitte das Licht. Große Schatten. Die Frau liest in dem Buch, das voll im Licht liegt; es sieht so aus, als ob gerade sie unbeteiligt am Schlaf des Kindes wäre.

Die Treppe. Das Kind ist davorgestellt. Das Rad und sein Schatten zu Häupten des Kindes. Das Kind, das alle Zukunft ist. Welche Zukunft? Sein kleines schlafendes Gesicht ist uns zugewandt.

Die Treppe: Wird jemand kommen und hinuntersteigen zu diesem Kind? Ist sie zum Aufsteigen da und zum Hinausgehen durch die dunkle Tür in das Draußen, wo Nacht ist? Geht jemand vorüber draußen an dieser Tür? Steht jemand draußen vor dieser Tür?

„Heilige Familie" ist dieses Bild genannt. Das Kind ist in eine Welt hineingeboren, die für Rembrandt seine, die gegenwärtige Welt war; so sahen die Häuser damals aus.

So viel im Bild liegt im Schatten der Nacht. Was reift in ihr? Was birgt sie in ihrem geheimnisvollen Schoß? Diese stille Kammer – das Schicksal der ganzen Welt!

Das Bild ist sehr still – die drei Menschen, die beisammen sind, ohne zu reden. Die sammelnde Mitte: das Licht und das Kind.

Muß ich die Stufen hinuntergehen, von meinem Draußen her, aus dem dunklen Haus meines Herzens – hinunter zu diesem Kind? Schon sind die Stufen erleuchtet.

Und das Licht scheint in der Finsternis, und die Finsternis hat es nicht ergriffen. Joh 1, 5

Und das Wort ist Fleisch geworden und hat unter uns gewohnt. Joh 1, 14

Josef mit dem Taubenopfer

Bronzetür, Dom, Hildesheim

Als die Tage ihrer Reinigung nach dem Gesetz des Mose voll wurden, brachten sie ihn nach Jerusalem hinauf, um ihn dem Herrn darzustellen. So steht es geschrieben im Gesetz des Herrn: Jede männliche Erstgeburt soll ‚Heilig dem Herrn' heißen. Auch soll nach der Vorschrift im Gesetz des Herrn ein Opfer dargebracht werden: ein Paar Turteltauben oder zwei junge Tauben. Lk 2, 22–24

Ein ganz gesammelt innerliches Gesicht. Die Arme vorgestreckt; eine leise Bewegung nach oben in Arm und Hand und im Köpfchen der Taube.

Die geringe Gabe wird sehr behutsam umschlossen, so als ob die Hände mitgehen wollen auf den Opferaltar. Er hat seine Armut nicht zu verstecken. Er steht nicht vor dem annehmenden Tempeldiener, sondern vor ihm! Darum schaut er auch nicht auf oder umher.

Er trägt die Taube wie sein eigenes Herz zum Opfer hin.

Aber die eigentliche Gabe, die er bringt, ist der Sohn. An den Kreuzen des Mittelalters, als dieses Bild entstand, trägt Christus solches Antlitz!

Auf dieser Gabe ruht Gottes Wohlgefallen ganz.

Flucht nach Ägypten

Holztür, Maria im Kapitol, Köln

Das ist nicht das Bild der Jungfrau von Nazaret, wie wir es von den frühen, im Goldgrund schimmernden Altartafeln des Mittelalters kennen. Dies ist die Mutter, die große Frau – die Mater Ecclesia auf ihrem Weg durch die Welt, durch die Zeiten. Sie sitzt auf dem Sattel ihres Reittieres, statuarisch, ohne Bewegung, ganz gesammelt, und der Sattel ist wie ein Thron. Der Blick scheint in die Ferne zu gehen, aber er verliert sich nicht, er ist zugleich ganz nach innen. „Maria aber bewahrte alle diese Worte und bedachte sie in ihrem Herzen" (Lk 2,19). Diese Frau ist auf der Flucht, aber es ist eine Hoheit da, die kommt ganz von dem Kind, der großen Kostbarkeit, die sie trägt.

Das Kind ist von ihren (sehr stilisierten) Händen umfangen, aber es sieht so aus, als ob es zugleich innen in ihr ist. Ihr Gewand, mit der Brosche zusammengehalten, bildet einen Kreis, der sieht aus wie das Weltall mit der Sonne. Das Kind ist ihr Herz und ist zugleich die Mitte der Welt.

Es ist wie ein ständiges wortloses Gespräch zwischen Mutter und Kind. Ist es das immerwährende „Fiat – Es geschehe", das für alle Wegstrecken ins Unbekannte hinein gilt? Das Kind ist nimmer von ihr zu lösen.

Von dieser Frau sagt das Evangelium an einer Stelle, daß sie nicht verstand (Lk 2,50). Und dennoch: Ihr Antlitz ist wissend! Sie geht in das Unbekannte, und sie hält sich Gott hin! Ihr Antlitz sagt zu den Menschen hin: Ihr wißt nicht, was in dieser Stunde der Zeit geschieht! Zu den Feinden hin: Wir sind im Schatten seiner Flügel! Links ragt der Flügel eines Engels in das Bild hinein.

Ihr Blick geht nicht auf das Kind, das sie birgt, aber es ist überdeutlich, daß nicht sie die Mitte des Bildes ist, sondern das Kind.

Die Füße betonen das Thronende. Aber man ist auf der Flucht vor dem Feinde des Kindes; thronend auf einem Esel; auf dem Weg mit der kostbarsten Fracht; auf der Wanderschaft durch diese Welt, durch die Zeit ...

Von dem Kind, das sie trägt, sagt das Glaubensbekenntnis: „... und ist Mensch geworden." Aber am Ende sagt es von diesem Kind: „Er wird wiederkommen in Herrlichkeit, Gericht zu halten über Lebende und Tote, und seines Reiches wird kein Ende sein."

Das Bild ist an einer Tür zur Kirche, fast tausend Jahre schon – Schwelle ins Geheimnis der Errettung.

Das Geheimnis der Welt – geborgen und preisgegeben zugleich. Gottes Zeichen in der Welt: ein Kind! Verborgenheit. Geborgenheit im Glauben der Kirche: unter Seinem Flügel!

Ein Schimmer von Licht fällt auf dieses Bild von der Flucht – das Licht kommt wie von innen, von der Mitte, von der ein Lied singt: „Sonne der Gerechtigkeit, gehe auf zu unsrer Zeit, brich in deiner Kirche an, daß die Welt es sehen kann. Erbarm dich, Herr!"

Christus

Syrisches Evangeliar

So stand Er vor dem Blick eines Jüngers – Zeugnis eines Zeugen.

Gesammelte Zuwendung. Sehend die Bedürftigkeit, den Bedürftigen. Ganz verbunden.

Wache Zuwendung, und doch wie versunken in Liebe. Schweigendes Werben. Auch Traurigkeit?

Vor seinen Augen das Leid und die Hoffnung der Welt.

Gottes Stunde ist da. Stunde seines Erbarmens und der großen Segnung. Aber sie kommt durch das Kreuz.

Du lebst. Bist Du so, verborgen, in meinem Leben? In unserer Welt?

Soll ich dem Blick seiner Augen folgen und der Richtung seiner segnenden Hand?

Sehe ich den, den er sieht und segnet? Mit seinen Augen sehen dürfen!

Vor diesem Bild die Erkenntnis: das einzige Angesehensein!

Der Hahnenschrei

Otto Dix

Petrus aber sprach: Ich kenne den Menschen nicht. Und sogleich, während er noch redete, krähte der Hahn. Da wandte sich der Herr um und schaute den Petrus an. Da erinnerte sich Petrus an das Wort des Herrn, wie er zu ihm gesagt hatte: Ehe der Hahn heute kräht, wirst du mich dreimal verleugnen. Und er ging hinaus und weinte bitterlich. Lk 22,60–62

Ganz und gar wird die Mitte vom Hahn eingenommen – so als ob er nun der ganze Hintergrund für Petrus wäre: nichts als Verrat, Verleugnung, Treubruch: Das ist mein Leben.

Der Hahn schreit so laut, daß alles nur ein Schrei ist. Er schreit in den von Jesus angesagten Morgen, der nun heraufkommt, für Jesus, für Petrus, für uns alle. Die Sonne steigt über den Mauern herauf – o, diese Sonne, welchen Tag wird sie sehen! Ihre zweite Farbe ist Düsternis, der Widerschein lastet oben über dem Himmel.

Petrus: die verstärkte dunkle braune Farbe, nur dumpf, zwischendurch das Helle der Tränen. Als ob er in die dunkle Erde kriechen möchte. Die Hände halten sich über Gesicht und Ohren, sie lassen den Platz frei, wohin Jesus geschaut hat: „Da wandte sich der Herr um und schaute den Petrus an."

Petrus ganz am Rande, Randfigur dieser Nacht, dieses Tages. Die Augen sind nicht mehr nach außen sehend, er schließt sie, drinnen die Bitternis. Mein Gott, was habe ich getan ...

Der Mund ist geschlossen vor Weh, dieser, der das Bekenntnis gesprochen: „Du bist der Messias, der Sohn des lebendigen Gottes!" Nun ist eine andere Stunde als die des Bekenntnisses. Der zur Rechten des Herrn sitzen wollte, ist nach draußen verbannt. Das Gesicht ist so dargestellt, daß wir hineinschauen können. Hineinschauen in das von Jesus angesehene Gesicht, das bereut. Man muß die Spuren Jesu darin finden. Das gezeichnete Gesicht.

Zum drittenmal sagt er zu ihm: Simon, Sohn des Johannes, liebst du mich? Da wurde Petrus traurig, weil er zum drittenmal zu ihm sagte: Liebst du mich? Und er sagte zu ihm: Herr, du weißt alles, du weißt auch, daß ich dich liebe. Jesus sagte zu ihm: Weide meine Schafe. Joh 21,17

Seht, mein Knecht

Tilman Riemenschneider

Dies ist mein geliebter Sohn. Mt 3, 17

Gott zeigt uns den Sohn; hält uns den Sohn hin. Der Sohn ganz hingegeben, an den Vater – für uns.

Dahingegeben in die Hände der Menschen.

Dornenkrone, Wundmale; kein Gewand; gehüllt in das Gewand des Vaters.

Es ist wie ein Warten auf unsere Antwort.

Seine Hingabe führte in den Tod. Aber der sich Hingebende ist in den Händen des Vaters.

Dieses Bild sagt etwas von Gott aus, das wir nie ergründen werden. Es sagt: So ist Gott! Das tut Gott! Entäußerung Gottes. In diesem Sohn hält Gott sich den Menschen hin, menschlich, bis ins Äußerste.

So sehr hat Gott die Welt geliebt, daß er seinen Sohn hingab. Joh 3, 16

Dies ist geschehen für mich. Bin ich nicht selber auch dieser da? Mit ihm aus dem Tode erhoben, aufgerichtet in den Händen des Vaters?

Mein Weg führt nicht anders zum Ziel als durch diesen – so!

Die Hand des Gekreuzigten

Veit Stoß

Man hat deine Hand durchbohrt, dieser Eisennagel liegt in ihr fest, und du hängst an ihm. Aber es ist, als ob du deine Hand um ihn schließen willst: um unsere Schuld, um meine Schuld; als ob du noch die Hand ergreifen wolltest, in Liebe, die den Nagel einschlug.

Konzentrierter kann Haß und Liebe nicht ineinander sein, der Haß der Welt, deine Liebe.

So hat sich in dir Gott ausgeliefert, hineingebunden in unsere Geschichte. Die ganze schwere, harte Welt liegt in deiner Hand.

Du hältst diese Hand Gott hin mit dem Mal darin. Immer bleibt dir dieses Mal.

Eine stillgelegte Hand, und doch ist sie unser Leben. Diese Hand trägt die Welt.

Sie haben mir Hände und Füße durchbohrt. Ps 22,17

Ich strecke meine Hand aus und niemand achtet darauf. Spr 1,24

Ich vergesse dich nicht.
Da, auf meine Hände
habe ich dich aufgezeichnet. Jes 49,16

Wir alle sind das Werk deiner Hände. Jes 64,7

Der Vater liebt den Sohn, und alles hat er in seine Hand gegeben. Joh 3,35

Er zeigte ihnen seine Hände und seine Seite. Da freuten sich die Jünger, als sie den Herrn sahen. Joh 20,20

Die Rechte des Herrn ist erhoben.
Die Rechte des Herrn wirkt Gewaltiges.
Ich werde nicht sterben, sondern leben
und künden die Werke des Herrn.
Danket dem Herrn, denn er ist gut! Ps 118,16f

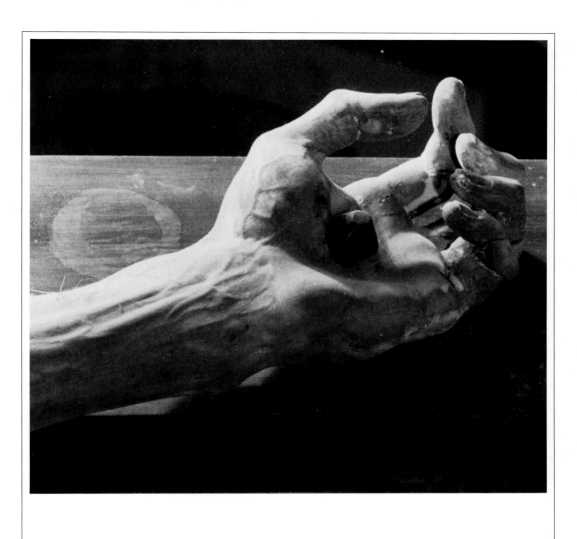

Der Gekreuzigte

Dom, Mainz

Während ich auf die Augen schaue, gewahre ich die Nägel. Als der Mensch, der diesen Gekreuzigten schnitzte – wohl selber erfahren im Leid – noch ein Letztes tun mußte: die Dornenkrone, die Nägel dafür, da wird er vielleicht für einen Augenblick sich vorgekommen sein wie einer der Kriegsknechte und über das, was er tat, erschrocken sein, über sich selbst. Bis er erkannte: Diese Kreuzigung vollzieht sich immer, sie verlängert sich bis in die Gegenwart.

Die Nägel sind geblieben. Sie sind mehr als Spott und grausames Spiel: Sei gegrüßt, König der Juden! Als ob man das Denken, das Nachdenken über diese Welt, in die er kam, weil er liebte, vernichten wolle. Aber er hebt den Blick weiter zum Vater, für uns.

Ich höre die vorwurfsvollen Klagerufe (Improperien) des Karfreitag:

„Mein Volk, was habe ich dir getan? Antworte mir!
Was hätte ich dir mehr tun sollen und tat es nicht?
Mein Volk,
womit habe ich dich betrübt?
Antworte mir!"

Ich weiß, ich muß diese liturgische Klage aus dem liturgischen Feiern herausnehmen, ich muß sie wieder verstehen als Anrede und unmittelbare Frage an uns. Ich bin mitgefragt in dieser Klage.

Er schweigt. Sein Mund ist voll Leid, aber seine Augen sprechen: Vater vergib ihnen, sie wissen nicht, was sie tun.

Als er starb, verdunkelte sich der Himmel. Kein Mensch konnte in sein Antlitz blicken in der letzten Stunde. Sein Geheimnis ist uns geöffnet durch das österliche Licht. In dieses Licht ist er so, als gekreuzigter Mensch, hinübergegangen, für uns, damit wir in unserer Dunkelheit und Zerschlagenheit an dieses Licht, an die wahre Zukunft glauben können.

Kruzifix

Neumünster, Würzburg

Du hast deine Arme vom Kreuz gelöst. So wie die Hände jetzt sind, zeigst du uns, daß du alles in Freiheit auf dich genommen hast.

Ich sehe die schrecklichen Nägel. Aber du umfängst etwas mit deinen Armen, ganz darauf achtend, es nicht zu verletzen – ich sehe es nicht... Dort, wo der Lanzenstich in dich drang, wohnt das Geborgene. Sollte es sein, daß ich es bin, den du da bergen willst?

Du hast dich befreit zur Liebe. Sehen Liebende so aus, wenn sie Geliebtes umfangen? Nein – nur du, der wahrhaft Liebende. Du hast dich zuvor in den Tod gegeben, damit ich jetzt deiner Liebe glaube. Und dein Mund spricht: Ich habe dich nicht aus der Ferne geliebt.

Gilt es, durch die Nägel Zugang zu dir zu finden. Wenn ich zu dir komme, treffe ich als erstes die Nägel. Aber hinter ihnen erkenne ich dein Herz. Und wenn ich dein Herz erkannt habe, fange ich an zu verstehen, warum du mich so an dich ziehen willst. In diesem Innenraum sind keine Dornen.

Ist das die Gestalt deiner Erhöhung?

Ich aber werde, wenn ich von der Erde erhöht bin, alle an mich ziehen. Joh 12,32

Herr, Du bist nicht tot, Du lebst. Dein Mund spricht:

Wie mich der Vater geliebt hat, so habe ich euch geliebt: Bleibt in meiner Liebe. Joh 15,9

Die weiße Kreuzigung

Marc Chagall

Ein unheimliches Bild – dieses Zerrissene rings um die Vision des weißen Christus, der da erscheint vor dem einfallenden Licht. Links der Untergang eines jüdischen Dorfes in Mord und Brandschatzung, rechts eine brennende Synagoge. Christus selbst erscheint als der gekreuzigte Jude; wie bei einem betenden Juden ist sein Haupt bedeckt, das Lendentuch ist ein jüdischer Gebetsschal. Zu seinen Füßen der Leuchter (sind es nur sechs Lichter, und Er ist das siebente?), im Lichtkreis dieses Leuchters wiederholt sich der Lichtglanz, der um das Haupt Christi ist. Über dem Gekreuzigten in Sturm- und Rauchwolken schwebt das Entsetzen der Väter und Mütter, unten fliehende Juden.

Inmitten des schrecklichen Untergangs erscheint das weiße Kreuz und der Gekreuzigte in einer seltsamen Ruhe. Und ruhig brennen die Kerzen auf dem Leuchter. Der Hügel, auf dem das Kreuz steht – deutet sein Rund die ganze Erde an? Aber alles andere ist wie ein Grauen um diese Mitte. Ist dieses Leid und Entsetzliche ringsum das Kreuz Christi durch die Geschichte hin? Ist Israel immer und immer noch der Leib des Gekreuzigten?

Eine Frau birgt ihr Kind, ein Boot flieht über den Fluß, Horden mit blutroten Fahnen heben drohend ihre Waffen, ein Mann mit einem weißen Brusttuch, ähnlich dem priesterlichen Brustschild der zwölf Stämme, eilt wehrlos davon (auf dieses weiße Tuch hatte Chagall ursprünglich in deutscher Sprache geschrieben: „Ich bin ein Jude"), rechts unten brennt mit weißen Flammen eine Torarolle, links birgt ein Mann eine andere Schriftrolle in seinen Händen, so als ob Raub drohe. Das einzig Vermittelnde ist die Leiter, die angelegt wurde, unten schon verschlungen von den Flammen der brennenden Torarolle.

Die Bewegung unten geht vom Kreuze fort, in panischer Furcht; was sich zuwendet, schreit auf: „Wie viele sich über dich entsetzten!" (Jes 52,14). Nur der Lichtstrahl von oben, die Leiter zur Seite, die Flammen auf dem Leuchter weisen hin auf das Kreuz.

„Es ist Israel, das gleichsam stellvertretend, seiner unwiderruflichen Nähe zu Jesus entsprechend, in unsäglichen Leiden, die den Weltvölkern erspart blieben, die Folgen der Sünden getragen hat, mit denen wir alle, Juden und Heiden, Jesus gekreuzigt haben ... Kein Volk der Welt ist Jesus im Leiden so bis zur Kreuzigung ähnlich geworden wie das der Juden. Und Christen haben ihnen dieses Leiden zugefügt ... Seiner Leidensnähe zu Jesus entsprechend, wird Israel auch ihm am nächsten in der Glorie sein ... Denn ganz Israel wird gerettet werden (Röm 11,26)" (Heinrich Spaemann).

Ist Trost in diesem Bild? Dieser gekreuzigte Messias, der ein Jude ist, stirbt für Israel und besiegelt in seinem Opfertod die ewige Bundestreue Gottes zu seinem Volk: denn in diesem Tod wird es gerettet. So leuchtet inmitten dieses Grauens dennoch das Licht jener Wirklichkeit, die Paulus im Römerbrief ausspricht: „Im Hinblick auf die Erwählung sind sie Lieblinge um der Väter willen. Denn die Gnadengaben und Berufungen Gottes sind ohne Reue." In diesem Kreuzestod, der im Leiden Israels in erschütternder Tiefe nachhebt, sind wir alle gerettet.

Kreuzigung

Glasfenster, Königsfelden

Blauer Hintergrund, darin das Rot, um das Haupt, die Wunden.

Das Blut der Wunden – nicht passive Blutstropfen, sondern etwas Aktives: Flammendes, Aufflammendes, Ausstrahlendes.

Hier ist nicht abgeschlossenes Geschehen, sondern lebendiges: Heute! Die offenen Augen schauen in unsere Zeit.

Könnte man dies ein Pfingstbild nennen? Die flammende Wunde des Herzens!

Das Bild will etwas malen, was eigentlich nicht zu malen ist, ein stammelnder Versuch, die Sprache der Glaubenden und Liebenden zu sprechen.

Man wird dieses Kreuz nicht „begreifen" können, wenn man sich nicht von ihm ergreifen läßt. In diesem Bild die Liebe Gottes ansehen – man sieht sie nur, wenn man zu diesem Sich-Hingebenden sich zugehörig weiß, wenn man sich einbeschlossen weiß in das „Mein Blut, für euch vergossen".

„Das Blut ist nicht ohne Feuer, es ist vergossen im Feuer der Liebe. O, mildes, werbendes Feuer!

Wenn die Seele sieht, wie maßlos sie geliebt wird, wie das Lamm sterbend am Kreuz sich hingibt, dann wird dieses Feuer sie durchleuchten und keine Finsternis mehr in ihr lassen" (Katharina von Siena).

Sein Heiliger wird zur Flamme.   Jes 10, 17

Das Geheimnis des Kreuzes

Priesterseminar, Münster

Das Kreuz hat seine ursprüngliche Farbfassung, verwittert durch die Jahrhunderte. Gut, daß es nicht geschönt ist; so kann man sehen, daß der Gekreuzigte die Schuld und das Elend der Zeit an sich zieht.

Das Antlitz: Traurigkeit und Güte. „Ich habe dich nicht aus der Ferne geliebt."

Mein Leben entscheidet sich für alle Ewigkeit an diesem Gekreuzigten. Er ist das Herz der Welt. Mein Leben lebt von diesem Lebensbaum.

Dieses Kreuz will mir sagen: Glaube an das Geheimnis der gekreuzigten Liebe! Glaube an die Ohnmacht dieser Liebe, die stärker ist als der Tod!

So hat Gott sich in die Hände der Menschen ausgeliefert – in die Abgründe von Schuld und Elend.

Wenn ich von der Erde erhöht bin, werde ich alle an mich ziehen. Joh 12, 32

Was ist das Kreuz in meinem Leben?

Bei der Priesterweihe sagt der Bischof: „Stelle dein Leben unter das Geheimnis des Kreuzes." Jedem von uns ist dieses Wort gesagt.

Josef von Arimathäa erbittet den Leichnam Jesu von Pilatus

Koptische Miniatur

Ein Gekreuzigter hing oft mehrere Tage lebend am Kreuze. Manchmal wurde der Tod schneller herbeigeführt, man zerschlug den Gekreuzigten mit Stangen die Leiber. Für gewöhnlich blieb ein Gekreuzigter bis zur Verwesung am Kreuz hängen. Die Verweigerung des Begräbnisses gehörte mit zur Strafe der Kreuzigung.

Was geht in Pilatus vor? Eine eisige Ruhe scheint ihn einzuhüllen; den Hauptmann treibt bewaffnete Unruhe: Hellebarde, Schwert, Bogen, Schild, Köcher – mehr kann er einfach nicht tragen. Bei Pilatus, der trotz allen königlichen Gehabens am kleinsten wirkt, müssen Thron und Krone das Gewichtige herstellen. Drückt die rechte Hand Betroffenheit aus? Oder sagt sie noch einmal: „Ich bin unschuldig an diesem Blut!"? Er ist die Gestalt, die sich aus allem heraushalten möchte, und es doch nicht kann.

Josef von Arimathäa hat als einziger einen Heiligenschein, eine von ihm nicht selbst umgelegte Würde. Seine Hände sind es und die ganze Bewegung des Leibes, die ihn von den anderen unterscheidet. Was er erbittet, ist auf dem Bild nicht zu sehen. Sein Gewand weist ihn als vornehmen Patrizier aus, sein weißes Haar als einen alten weisen Mann. Trotz seiner Verneigung ist er der größte auf diesem Bild, seine Arme und Hände sind mächtiger als die bewaffneten Arme des Soldaten und die versteckten Hände von Pilatus. Die Hände Josefs richten sich auf das Herz des Pilatus, und der deckt sein Herz instinktiv zu.

Es sind nicht drohende Hände, sie sind offen wie Schalen. Aus seinem Mund nicht Empörung, sondern Bitte. Pilatus und der Soldat erinnern noch an das eben Geschehene: Schwäche und Gewalt haben gesiegt. Aber das letzte bleibt das von Josef aufgerichtete Zeichen der Liebe: das Hingehen und den Leichnam Erbitten, das Bestatten auf eigenem Grund, der Sieg über Gewalt, Gleichgültigkeit, Angst. Und dies, bevor Gott selbst ein Zeichen der Liebe aufrichtet über seinem Sohn. Und damit hebt Josef für seine Person das Urteil Jesu von seiten der Menschen auf: Er gibt ihm die menschliche Ehre zurück, ein kleines Stück Vorabglanz der göttlichen Doxa.

Josef erbittet den „Leib Jesu", Pilatus überläßt ihm den „Leichnam" – sollte dies schon ein Unterschied des Glaubens sein?

Ein Mensch erbittet von diesem Mächtigen der Erde den Leib des am Kreuz Gehängten. Aber die bewegende Gebärde des Bittens um den Leib des Herrn – daß es dies gegeben hat unter den Menschen! – sie geht in eine von allen nicht geahnte Zukunft.

Es ist die Stunde der Verborgenheit Gottes. Und eine ahnungsvolle Liebe trägt sie in den Tag, dessen Licht der Auferstandene ist.

Als es schon Abend wurde – es war Rüsttag, das ist der Tag vor dem Sabbat –, kam Josef von Arimathäa, ein angesehener Ratsherr, der selbst auch des Königtums Gottes harrte, wagte es, ging zu Pilatus hinein und bat um den Leib Jesu. Pilatus wunderte sich, ob er denn schon tot sei, rief den Hauptmann herbei und fragte ihn, ob er schon länger gestorben sei. Und als er es vom Hauptmann erfuhr, schenkte er Josef den Leichnam.

Mk 15, 42–47

Passion

Alfred Manessier

Ein Gitter vor einer Feuersglut, in einer Feuersglut. Ein Gitter wie von vielen Kreuzen. „Auf blutrotem Grunde breitet sich ein schrecklich geordnetes Labyrinth aus, dessen viele Spitzen und Schärfen zu einem Gitter des Grauens verklammert sind. Soll man bei diesem Anblick an die Dornenkrönung, Geißelung, Kreuzigung Christi denken? An all das zusammen und noch an vieles mehr: an die fortwährende Folterung Christi in uns selbst. Ein Grund voll strömenden Leides trägt uns den Sinn der Passion entgegen" (H. Lützeler).

In der Mitte der oberen Bildhälfte entdeckt man deutlicher ein Kreuz. Eine Klammer, die von oben her das Kreuz umfaßt, ist nach unten geöffnet; ihr entgegen öffnet sich von unten her eine andere Klammer, angefüllt mit Zonen von Dunkelheit. In der Mitte des Bildes, am Ende der von oben her geöffneten Klammer, schwer ein dunkler viereckiger Block. Das Rot hat viele Töne, vom ganz dunklen bis hin zu den weißlich-roten „Flammen", die von den schwarzen Stäben und Verklammerungen wehen.

Ist es das Blut, das die ganze Erde überströmt und durchtränkt? Ist es die Glut des Geistes, von der der Herr sagt: „Feuer auf die Erde zu werfen bin ich gekommen. Was will ich anders, als daß es brenne?"

Ist es das Feuermeer des apokalyptischen Tages?

Und was mir Feuer erschien,
war das Leuchten der Weltenmonstranz,
des göttlichen Blutes Rubin
und der Engel furchtbarer Glanz.

Werner Bergengruen

Die Schmerzen, das Leid der ganzen Welt strömen hier zusammen. Alle Gefangenschaft des Menschen – und alle Schuld. Aber all das ist zur Passion des Einen geworden, von dem es heißt: „Er hat unsere Leiden getragen, unsere Schmerzen auf sich geladen."

Vor diesem Bild verstehen wir tiefer das Wort der Schrift: „Ihr seid um einen teuren Preis erkauft worden."

Vor diesem Bild verstehen wir tiefer die alte Anrufung: „Du Glutherd der Liebe – erbarme dich unser."

„Heiliger Gott, heiliger starker Gott, heiliger, unsterblicher Gott! Erbarme dich unser!"

Vor diesem Bild hören wir die Worte Jesu aus seiner Passion:

„Konntet ihr nicht eine Stunde mit mir wachen!   Mt 26,40

Mich dürstet.   Joh 19,28

Vater, in deine Hände!   Lk 23,46

Es ist vollbracht!   Joh 19,30

Nicht sinnloses, chaotisches Wüten der Vernichtung ist die Aussage dieses Bildes. Das Letzte der Passion ist Hingabe. Hingabe an den Vater, der den Schrei der Verlassenheit gehört hat; Hingabe an den Menschen, dessen Schuld und Leid aufgenommen wurde in diese Liebe des Gottesknechtes.

Halleluja

Alfred Manessier

Hier ist ein anderes Rot, leuchtender, verklärter, in sich eins. Dort ist das Rot wie Flammenglut und wie ein Aufschrei, hier: Halleluja!

Auch hier sind Querlinien, aber sie sind wie Falten an den Gewändern von Tanzenden. Und darin alle Farben der Erde, durchmustert und verbunden vom neuen Rot, vom Jubel des Himmels. Der blaue Himmel, die weizenfarbenen Töne, das Grün der Wiesen, das Grau der Steine, der Widerspiegel des Himmels im Blau des Wassers. – Das Halleluja der neuen Erde, die Himmel zugleich ist.

Im Schauen will das Herz mitsingen und mitjubeln: Halleluja! Halleluja!

Ist es die österliche Krone, die über den ganzen Horizont von Himmel und Erde geht?

Christus ist auferstanden!

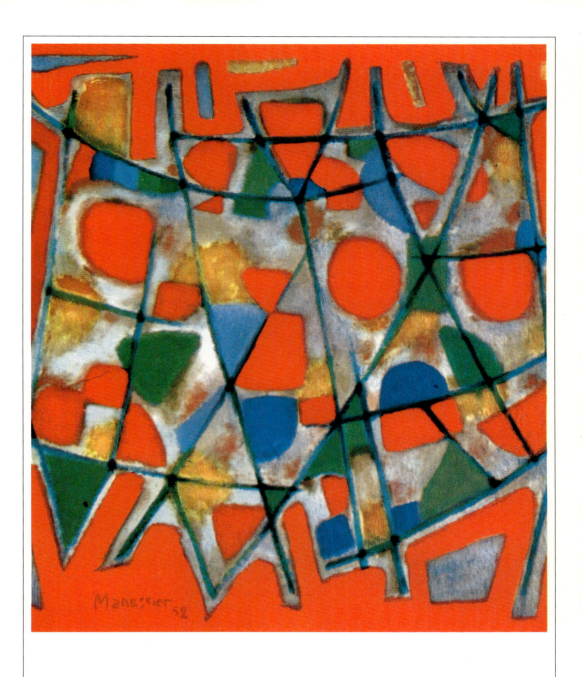

Auferstehung

Ikone, russisch

*Wach auf, der du schläfst,
und steh auf von den Toten,
und Christus wird dich erleuchten.* Eph 5,14

Du bist herabgefahren in die Gründe, um uns emporzureißen. Du ergreifst die Hand Adams, die Hand Evas – in ihnen sind wir alle von dir ergriffen. Dein Angesicht meint jeden, den du ergreifst, aber der Ergriffene ist noch in seinem Blick befangen, er schaut wie in seine eigene Vergangenheit, er ist noch wie gebunden an das Unten, in das Dämmern des Erdlichen, wie gelähmt von der Todbefangenheit. Schon ist das Haupt der Erlösten umflossen von deinem Licht, noch wissen sie es kaum: Deine kraftvolle Hand sagt ihnen erst, daß sie in das Reich deines Lichtes gehören.

Du kommst wie ein Sturm, in der Kraft deines Heiligen Geistes, der dich umhüllt wie ein Gewand.

Die Füße stemmen sich für den Aufstieg, die Hände reichen sich herunter – die Füße der Menschen haben noch keinen Standort, aber du bist ihr Halt.

Du bist der Schlüssel zu diesem Abgrund. Du hast den Schlüssel zu jedem unserer Abgründe. Wir haben alle unsere Schlüssel versucht, nun fallen sie, nichtig-nutzlos, ins Leere.

An deiner Seite ist der Raum des Lichtes. „Vater, ich will, daß da, wo ich bin, auch die mit mir seien, die du mir gegeben hast, damit sie meine Herrlichkeit schauen, die du mir gegeben hast" (Joh 17,24). „Vater *ich will*...": Hier geschieht es!

Herr, reiße mich aus dem Tod in dein Leben.

Reiße mich empor aus aller Dumpfheit der Tiefe, aus aller Gebanntheit in mir selbst.

Reiße mich in dein helles Licht.

Herr, Christus-Adam, Bruder und Retter der Menschen, laß das Anschauen dieses Bildes zur großen Bitte werden, zur großen Hoffnung, zur großen Freude. Herr, ergreife uns in der Kraft deiner Auferstehung.

Du hast bezwungen des Todes Stachel
und denen, die glauben,
die Reiche der Himmel aufgetan.
Du sitzest zur Rechten Gottes
in deines Vater Herrlichkeit.
Dich bitten wir denn,
komm deinen Dienern zu Hilfe,
die du erlöst mit kostbarem Blut.
In der ewigen Herrlichkeit
zähle uns deinen Heiligen zu.
Rette dein Volk, o Herr,
und segne dein Erbe;
und führe sie
und erhebe sie bis in die Ewigkeit.
Auf dich, o Herr, habe ich
meine Hoffnung gesetzt.
In Ewigkeit werde ich nicht zuschanden.

Aus dem Te Deum

Jesus und Magdalena am Grabe

Fresko, Münster, Konstanz

Die Verhaltenheit, das Schwebende der Farben und des Lichtes in diesem Bild. Man sieht wie durch einen Schleier hindurch. Die ins Weiß gehenden Farben, der Himmel, die weiße Burg im Hintergrund – alles zusammen gibt, vermischt mit dem gelben Farbton, den Eindruck von verhaltenem Morgen. Die Sonne ist da, aber wie hinter einem Frühnebel. „Am ersten Tag der Woche aber, ganz in der Frühe ..."

Die frühlingshafte Wiese, der junge Baum, der die Mitte ist zwischen Vordergrund und weitem Hintergrund. Dahinein das Rot des Gewandes beim Auferstandenen, das in dem Bild den Farbakzent setzt, und die Wundmale im gleichen Rot: Der Auferstandene ist der Gekreuzigte, der Gekreuzigte ist der Auferstandene!

Ist es der Augenblick, da Maria Magdalena noch nicht erkennt? Sie ist gekommen, den Toten zu salben, ratlos, sie findet ihn nicht; sie fragt den, den sie für den Gärtner hält. Oder ist es nicht viel mehr der Augenblick, da der Auferstandene sie beim Namen ruft: „Maria!" und sich zu erkennen gibt, und: „Geh zu meinen Brüdern und sage ihnen: Ich steige auf zu meinem Vater und zu eurem Vater, zu meinem Gott und zu eurem Gott!"?

Das blaßrote Gewand Marias: Sie ist eine Liebende, nun wird sie zur Botin des Auferstandenen! Um sie ist das Leben des neuen Tages. Der Bach fließt durch die Landschaft, die Erde ist weich zum Aufgraben ...

Nur der Lebendige kann mich anreden. Sein Wort kommt nicht zu mir nur im Lesen und durch meine Reflexion, sondern: Weil er mich ruft! Er lebt. Ich muß *ihn* hören, ich muß *ihm* antworten. Ich fasse sein Geheimnis, das Geheimnis seiner Auferstehung nur, wenn ich sein Wort höre: das Wort des Lebendigen! Ostern heißt für mich: unter der Anrede Jesu stehen, sein Lebenswort auf mich zukommen hören. Und zu antworten: Rabbuni, mein Herr, mein Meister!

Dann verstehe ich auch, daß ich Zukunft habe: die des Osterzeugen für andere. Dann verstehe ich auch – in aller Verhüllung unserer Zeit – die Umwandlung aller Dinge: zum Frühling hin, zum neuen Tag.

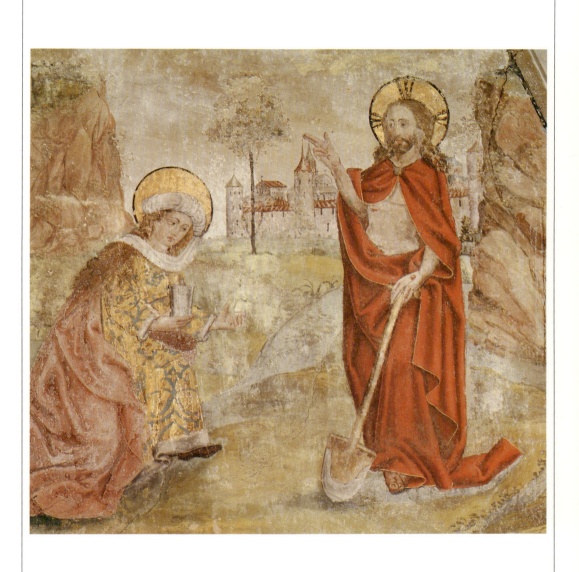

Christus und Thomas

Diptychon, Kloster Hilandar, Athos

Lauter Bewegungen und Bögen um eine Mitte. Über dem Zweifler, dem der Blick ‚nach oben' verschlossen war, Jesu Arm und darüber der Himmelsbogen.

Große Gebärde. Er hält sich hin, paßt sich ein in den Menschenraum, stellt sich demütig und liebend ein auf die Dimensionen des Thomas: betasten, begreifen, Beweis.

Jesus ist der Erhöhte, beim Vater – und zugleich ganz bei Thomas, hingebeugt.

Das Wesen eines Menschen gewährt sich uns dort am tiefsten, wo wir zugelassen werden zu seinem Herzen, zu seinem verwundeten Herzen. Leid, nun überwunden, wird zum Zeichen: Übermaß der Liebe! Leben, das sich mitteilt und heilt.

Sind wir alle so vor dem Herrn?

Ach, daß unser Glaube sein Herz erspürt vor allem Begreifen und über alles Begreifen hinaus!

Wird sich in meiner Meditation das Bild in mir verwandeln? Wird dies zum Raum – nicht mehr der Bedingungen, der Argumente, sondern des Sichanvertrauens, des Sichlassens in seine Güte, in sein Entgegenkommen hinein? In seine barmherzig-liebende Zuwendung.

Seligkeit unserer Gemeinschaft mit ihm!

„Mein Herr und mein Gott!"

Das Wiedersehen

Ernst Barlach

Ich habe keinen Gott, aber er sei gepriesen, daß es an dem ist, wie es ist. Ich habe keinen Gott, aber Gott hat mich.　　　Ernst Barlach

Herr, während deine Hand mich umfängt, zeigt mir dein Blick, daß du alles weißt. Du weißt, wo ich war, als ich nicht bei dir war. Du weißt, daß ich auch jetzt noch nicht ganz bei dir bin – und doch ganz bei dir sein möchte; daß ich ein Erkennender bin und doch auch immer noch ein Nichterkennender, ganz erkannt von dir.

Das Leid ist vorüber, aber das Vergangene liegt in diesem Augenblick des Wiedersehens noch auf deinem und meinem Angesicht. Meine Augen schauen dich an und schauen über dich hinaus, im Bekennen und Erkennen, im Warten und Fragen und im Staunen – ins Unendliche hinein, bis in deine Offenbarung, die kommen wird:

*Da freuten sich die Jünger,
daß sie den Herrn sahen.*　　　Joh 20,20

Mein Mund, der da stammelte: „Mein Herr und mein Gott", vermag nun nichts mehr zu sagen, nicht einmal mehr das „Du", so sehr ist das Herz überwältigt von deiner Nähe, die aus dem Leid und aus der Liebe zu mir kommt.

Wird es so sein, wenn ich einst, in *der* Stunde der Begegnung, vor Dich komme?

Ich komme aus der Schuld. Ich komme aus der Verlorenheit, aus dem Stolz, aus dem Nichterkennen, aus dem Nichtlieben. Ich komme aus der Welt, in der unter allem Vergessen und hinter aller Angst die Sehnsucht ist nach dem Menschen, der nahe ist – die Sehnsucht nach dir!

Du sinnst über mich nach und über alle, die nach mir kommen, und deine Hand ruht an mir. Sie berührt zwar nur eine Stelle, aber so ausgefaltet, daß sie mich ganz umfaßt. Und darin gewährst du mir Antwort. Deine Hand gewährt mir deine Nähe, andere Nähe, als ich sie dir gewähren kann, ich der Zufliehende in dein Verstehen, ich der verlorene Sohn und Bruder.

Du, Vater und Bruder, laß uns immer aus der Hoffnungslosigkeit und Glaubenslosigkeit und Schuldverlorenheit hinfliehen zu dir, in das Angenommensein von dir.

Christus im Glanz der Dreifaltigkeit

Codex Sci vias

Da sah ich ein überhelles Licht und darin eine saphirblaue Menschengestalt, die durch und durch in der sanften Glut funkelnder Lohe brannte. Das helle Licht (der Silberrand, der auch die Gestalt umfließt) durchflutete ganz die funkelnde Lohe (das Gold) und die funkelnde Lohe ganz das helle Licht (die Wellenlinien).
Hildegard von Bingen

Das Bild ist ein christliches „Mandala", eine Meditationstafel. „Solche ‚Bilder der Mitte', die Weg und Ziel in einem Gebilde zusammenfassen, üben durch die Fügung ihrer konzentrischen Kreise auf den Betrachter eine konzentrierende, einsammelnde und mittebildende Wirkung aus. Ein Mandala ist das Schaubild sowohl einer übermenschlichen wie innermenschlichen, der göttlichen wie der seelischen Bewegung. Ihre Bewegungsabläufe um eine Mitte können darum in doppelter Richtung ‚gelesen' werden, d. h. meditiert werden: in Hinsicht auf die Ausfaltung, Selbstentäußerung und Mit-Teilung der Gottheit oder gegenläufig in Hinsicht auf die Einfaltung der der Welt anheimgegebenen und in ihr zerstreuten Seele" (A. Rosenberg).

Um das lichtvolle Rund, Symbol der Gottheit, legt sich das Geviert des Rahmens: die Vierzahl ist Symbol der Schöpfung. Das in die Tiefe weisende blaue Feld – blau ist die Farbe der himmlischen Welt, insofern sie der Schöpfung zugewandt ist – ist vom farbenprächtigen Rahmen der Schöpfung eingefaßt: das Grün hoffnungsvollen Lebens und das blütenähnliche Band, in welchem – in Andeutung – Silber und Gold des göttlichen Runds sich wiederfinden – der Abglanz des dreifaltigen Gottes liegt auf der Schöpfung, von der es am Anfang heißt: „Gott sah alles, was er gemacht hatte: ja, es war sehr gut!" Und von der es am Ende heißen wird: „Siehe, ich mache alles neu!"

Die „saphirblaue Menschengestalt" ist Christus. Es ist, als schreite oder schwebe diese Gestalt, die vom Lichte der Herrlichkeit umflossen ist, auf mich zu. Der Herr hat seine Hände erhoben: Wehren sie mich ab, wie einst die Stimme aus dem brennenden Dornbusch: „Nahe nicht herzu, streife deine Schuhe von den Füßen, denn der Ort, darauf du stehst, ist Boden der Heiligung!" (Ex 3, 5)? Sind es die Hände, die der Auferstandene den Seinen hinhält: „Der Friede sei mit euch!"? Oder aber: Ist es die Gebärde der Mit-Teilung:

Ich habe ihnen die Herrlichkeit gegeben, die du mir gegeben hast, auf daß sie eins seien, wie wir eins sind. Ich in ihnen und du in mir. Vater, ich will, daß da, wo ich bin, auch die mit mir seien, die du mir gegeben hast, damit sie meine Herrlichkeit schauen, die du mir gegeben hast.
Joh 17, 22–24

In der Meditation muß ich das Bild in seiner Konkretheit, wie es die Heilige, aus der inneren Schau kommend, gleichsam stammelnd zur Darstellung gebracht hat, „vergessen". Und vor meinem inneren Auge entsteht es neu. Seine Wirklichkeit ist die Wirklichkeit der Offenbarung, die Gott uns in Christus geschenkt hat: Christus, umstrahlt von göttlicher Herrlichkeit, Herz und Mitte aller Welt, das innerste Leben der Schöpfung, das innerste Leben in mir.

Christus, der Herr

Ikone, griechisch

Du bist der Herr. Dich hat der Vater verherrlicht. Dir hat der Vater alle Gewalt gegeben. Aber du hast gesagt, daß er sie dir gegeben hat, damit du allen, die zu Dir gehören, ewiges Leben gebest (Joh 17,2). Du bist der Erhöhte. Und du hast gesagt: „Ich werde, wenn ich von der Erde erhöht bin, alle an mich ziehen" (Joh 12,32).

Du bist in dem Reich des Lichtes. Aber du bist uns zugewandt! Wie die Weite und Tiefe von Himmel und Meer ist das Blau deines Gewandes, das Rot wie die Glut deines Geistes, der alles belebt, das Gold wie der Herrlichkeitsglanz im Reich deines Vaters: Alles erfüllst du!

Dein Blick geht bis an den Horizont der Schöpfung, und er erkennt uns ganz. Aber da deine Hand sich segnend erhebt, diese Hand, die am Kreuz angenagelt war, vertraut unser Herz: Du bist der Hohepriester, der vor dem Vater die große Fürbitte spricht: „Vater, ich will, daß, wo ich bin, auch die bei mir seien, die du mir gegeben hast, damit sie meine Herrlichkeit schauen, die du mir gegeben hast" (Joh 17,24).

Deine Linke zeigt uns das Buch. Das Buch, das von seinem Anfang bis zum Ende von dir spricht und das in seinem Innersten dein eigenes Wort ist. Dein Wort, das zu uns in siebenfacher Entfaltung das „Ich bin" spricht: „Ich bin das Brot"; „Ich bin der Weinstock"; „Ich bin das Licht"; „Ich bin die Tür"; „Ich bin der Hirte"; „Ich bin der Weg, die Wahrheit und das Leben"; „Ich bin die Auferstehung und das Leben". Und immer hören wir mit: „für euch!"

Dein Wort ist Leben, wirkende Gegenwart deines Heiligen Geistes für alle, die in Glaube und Liebe versammelt sind auf deinen Namen:

Wahrlich, wahrlich, ich sage euch: Wer mein Wort hört und dem glaubt, der mich gesandt hat, der hat ewiges Leben und kommt nicht ins Gericht, sondern ist aus dem Tod ins Leben hinübergegangen. Joh 5,24

Ich will das heilige Buch der Offenbarung aus deiner Hand entgegennehmen, das Buch deines Wortes und des Zeugnisses unserer Väter im Glauben. Laß mich dein Wort und die Botschaft deiner Zeugen hören und bewahren und verkünden und leben! Und wenn ich in der versammelten Gemeinde den Dienst des Wortes habe, dann laß mich darin wahrhaft Diener und Bote des Glaubens und der Hoffnung und der Freude sein – gesandt von dir, gesegnet von dir, erleuchtet von dir.

„Sei mit mir, und ich will anfangen, selbst Licht zu werden und anderen zu leuchten. Alles Licht kommt von dir, von mir nur Dunkelheit. Du willst andere durch mich erleuchten. O könnte ich dich so verherrlichen, wie du es am meisten liebst, indem ich alle diejenigen erleuchte, denen ich begegne. *Gib ihnen dein Licht.* Lehre mich dein Lob, deine Wahrheit und deinen Willen verkünden. Laß mich dich verkünden durch die beseligende Fülle deiner Liebe" (J. H. Newman).

Herr, inmitten aller Wörter und Botschaften der Welt, die von allen Seiten an mein Ohr dringen, schaue ich auf zu dir und bekenne in Glauben und Danksagung mit Simon Petrus:

Herr, zu wem sollen wir weggehen?
Du hast Worte ewigen Lebens. Joh 6,68

Pfingsten

Initiale, Buchmalerei

Das große S verbindet in einem gewaltigen Schwung Himmel und Erde, eine kraftvolle und zugleich fröhliche Initiale: „Der Geist des Herrn erfüllt den Erdenkreis, Halleluja."

Dieses S ist wie die Kraft des Geistes, die niederfährt und die Versammelten ergreift und zur ersten Gemeinde, zur Kirche macht. Jugendlich und hell sind die Gesichter der Jünger geworden. In ihrer Mitte die Jungfrau und Mutter, die ganz still hält unter der Flamme über ihrem Haupt.

Noch ist das Gemäuer da und die verschlossene Tür, aber im nächsten Augenblick wird es geschehen:

*Da trat Petrus auf
zusammen mit den Elf
und erhob seine Stimme.* Apg 2, 14

Warten in Schweigen und Stille.
Offene Schale, dasein.
In Gemeinsamkeit.

Und wir werden erfahren: Seine Kraft, sein Licht, seine Liebe umfangen uns von oben und von unten und erfüllen uns ganz.

*Euer Herz wird sich freuen,
und eure Freude
nimmt niemand von euch.* Joh 16, 22

Christus sendet die Jünger aus

Diptychon, Kloster Hilandar, Athos

Der Erhöhte trägt ein Gewand in Himmelsfarbe, mit den Sternen der Dreifaltigkeit. Es ist, als wäre sein Blick auf den Vater gerichtet:

Wie mich mein Vater gesandt hat,
so sende ich euch. Joh 20, 21

Die Gebärde seiner Hände – ein großer von oben nach unten schwingender Bogen. Zu ihm hin die Zuneigung der Köpfe. Die Jünger beugen sich vor dem Herrn, er allein steht aufrecht. Noch faßt das Haus die Jünger, aber die Herrlichkeit der Erhöhten reicht darüber hinaus. Sie stehen in seinem Glanz.

Das ist hinfort ihr Geheimnis: daß der Herr, der beim Vater ist, mitten unter ihnen steht. Sie empfangen die Sendung auch mit ihren Händen, die leer sind – er füllt sie ihnen für andere.

Eine gewisse Exklusivität ist in dem Bild; nur Anbetenden ist sein Geheimnis zugänglich. Das Mysterium des Zusammenseins mit dem Herrn im Drinnen dieses Raumes: es geschieht für die Welt.

Und er rief die zu sich,
die er selber wollte,
daß sie bei ihm seien
und er sie sende. Mk 3, 13–14

Ich habe ihnen deinen Namen kundgetan
und werde ihn kundtun,
damit die Liebe,
mit der du mich geliebt hast,
in ihnen sei
und ich in ihnen. Joh 17, 26

Herr, ich glaube, daß du der Lebendige bist und daß du uns ganz nahe bist. Berühre mich mit der Kraft deines Geistes. Belebe mich mit deiner Nähe und laß mich erfahren, daß du mich senden willst. Ich weiß, daß ich mein eigenes Heil nur finden kann, wenn ich mich von dir senden lasse. Mit dem Glauben der Jünger will ich mich dir hinhalten und vertrauen, daß deine Kraft mit mir geht. Laß mich immer wieder bei dir sein und von dir ausgehen. Nur so kann ich mitteilen, was du mir geben willst.

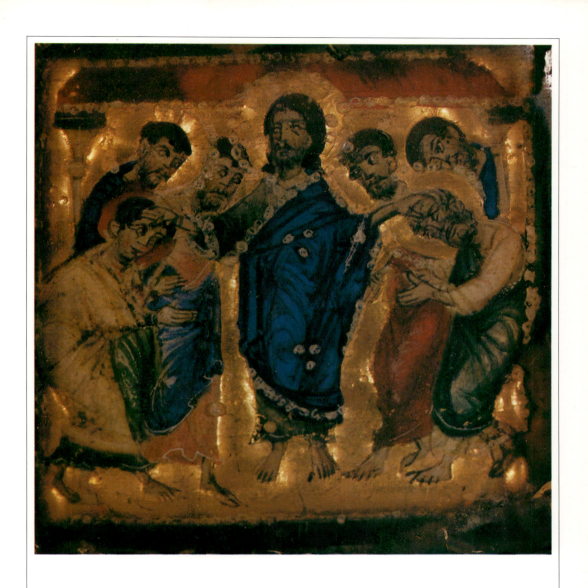

Kommunion der Jünger

Codex Rossanensis

Und er nahm das Brot, brach es und gab es ihnen mit den Worten: Das ist mein Leib, der für euch hingegeben wird. Lk 22, 19

Dies geschieht jetzt. Es sind die Hände, von denen das Evangelium in vielen Weisen sagt: „Er legte einem jeden von ihnen seine Hände auf und heilte sie" (Lk 4, 40). Es sind die Hände, von denen er selber sagt: „Niemand wird sie aus meiner Hand reißen" (Joh 10, 28).

Diese Hände tragen die Spuren der Kreuzigung, die Zeichen der ganzen Hingabe. Diese Hände spenden das Leben.

Der eine Jünger empfängt die Gabe und küßt demütig dem Spendenden die Hand (wie heute noch in der orthodoxen Kirche, wenn der Priester das Antidoron, das gesegnete Brot, austeilt). Der andere Jünger erhebt in großer Gebärde seine Arme zum Danken, das doch auch immer Bitten zugleich ist: zu dem hin, der „Da-ist" in Jesus, unserem Leben!

Die Jünger aber werden selber zu Spendenden werden: von ihm her, von dem sie alles empfangen.

Das Bild stellt mir die Frage: Wie bin ich vor ihm?

Der Barmherzige Samariter

Codex Rossanensis

Wo immer auch der Blick bei diesem Bild ansetzt – er wird mit unwiderstehlicher Macht in die Mitte geführt: das Haupt und die Hände des barmherzigen Samariters. Und der ist Christus!

Christus steht ganz auf der Ebene des Menschen; der Engel, fast schwebend, ein wenig wie außerhalb.

Alle Bewegung in diesem Bild ist gesammelt in der sehr starken Gebärde des tiefen Sichneigens Christi: ein einziges Hin zu dem gefallenen Menschen. „Als er ihn sah, ward er von Erbarmen bewegt." Die Augen des Christus sind weit aufgetan, wie von Entsetzen und Mitleid, die Hände – welche Gebärde! – hingestreckt zum Menschen.

Der Mensch ist wahrhaftig ganz und gar zu Boden gefällt. „Sie plünderten ihn aus, zerschlugen ihn und ließen ihn halbtot liegen" (Lk 10, 30). Diese armselige, nackte Menschengestalt, dargestellt fast ohne Konturen, fast ohne Farben; nur sein Auge läßt erkennen, daß er nicht tot ist. Es ist sichtbar, daß dieser Mensch sich selber nicht mehr erheben kann. „Unsere Seele ist in den Staub gestreckt, und auf der Erde liegt unser Leib" (Ps 44, 26).

Und Er hört nicht auf, über diesem Menschen zu sein als *dieser* Christus, ganz beteiligt. Er nimmt sich des Menschen an!

So wird es deutlich, was der Purpurgrund ist: wie ein Strahlungsfeld dessen, was der Herr hier tut: das Erbarmen Gottes, die alles umgreifende, alles erfüllende Liebe Gottes in Jesus Christus – hindurchgegangen durch das Blut der Passion.

Jesus fragt am Ende der Beispielerzählung den Gesetzeskundigen: „Welcher von diesen Dreien, dünkt dir, ist der Nächste dessen geworden, der unter die Räuber gefallen war? – Er sagte: der das Werk des Erbarmens an ihm getan. Da sagte Jesus zu ihm: Geh und tu desgleichen" (Lk 10, 36 f). Dieses Bild sagt: Christus ist uns zum Nächsten geworden, dir und mir! Er hat nicht wie von außen geholfen. Diese Hände sagen: Ich habe mich für dich hingegeben. „Ich habe dich nicht aus der Ferne geliebt."

Der Engel steht da, mit verhüllten Händen wie ein Diakon den Becher dem Herrn hinreichend; ehrfürchtig und doch wie aus einem Abstand heraus das Sichneigen des Herrn mitvollziehend.

„Geh und tu desgleichen", so sagt Jesus zu dem Gesetzeskundigen, so sagt er zu uns.

Sollen wir da stehen, wo dieser Engel steht?

Oder sind es nicht vielmehr die Hände des Herrn selber, die uns rufen mit diesem: „Geh und tu desgleichen"?

Vom Geheimnis der Christusbeziehung

Zwei Bilder in meinem Zimmer

Der 22jährige Sören Kierkegaard schrieb 1835 in sein Tagebuch: „Das, was mir eigentlich fehlt, ist, mit mir selbst ins reine zu kommen darüber, was ich tun soll, nicht darüber, was ich erkennen soll, außer, soweit ein Erkennen jedem Handeln vorausgehen muß. Was mir fehlt, war: ein vollkommen menschliches Leben zu führen und nicht bloß eins der Erkenntnis, so daß ich dadurch dahin komme, meine Gedankenentwicklung nicht zu gründen auf etwas, das man objektiv nennt, etwas, das doch in jedem Falle nicht mein Eigenes ist, sondern auf etwas, das mit der tiefsten Wurzel meiner Existenz zusammenhängt, wodurch ich sozusagen in das Göttliche eingewachsen bin, fest darin hange, wenn auch die ganze Welt einstürzt. Sieh, das eben fehlt mir und dahin strebe ich ... Auf dieses innere Handeln des Menschen, diese Gottesseite des Menschen, kommt es gerade an, nicht auf eine Masse von Erkenntnissen ... Es kommt darauf an, meine Bestimmung zu verstehen, einzusehen, was eigentlich Gott will, daß ich tun soll. Es gilt, eine Wahrheit zu finden, die Wahrheit für *mich* ist, die Idee zu entdecken, für die ich leben und sterben will ... Was nützt es mir, die Bedeutung des Christentums darzustellen, viele Einzelerscheinungen erklären zu können, wenn dies für mich selbst und mein Leben nicht irgendeine tiefere Bedeutung hätte?" (Die Leidenschaft des Religiösen. Eine Auswahl aus Schriften und Tagebüchern. Reclam Nr. 7783).

Als ich dies las, hielt ich inne und schaute zurück: Hab' ich davon etwas gefunden in meinem Leben? „Etwas, das mit der tiefsten Wurzel meiner Existenz zusammenhängt, wodurch ich sozusagen in das Göttliche eingewachsen bin, fest darin hange, wenn auch die ganze Welt einstürzt?" Muß ich auch schreiben wie der 22jährige Kierkegaard: „Sieh, das eben fehlt mir und dahin strebe ich ..."?

Eines weiß ich heute: es kann nur Christus sein, die Beziehung zu ihm, dem Lebendigen, der mich immerfort neu fragt: Wer bin ich für dich? Und auch dies weiß ich heute: das Pauluswort: „Christus will ich erkennen und die Macht seiner Auferstehung und die Gemeinschaft mit seinem Leiden; sein Tod soll mich prägen" (Phil 3, 10) – wie sehr zu diesem Wort hinzugefügt werden muß: „Nicht daß ich es schon erreicht hätte ..." (Phil 3, 12)!

In einem Besinnungstag mit den Diakonen im Priesterseminar gingen wir der

Frage Jesu nach: „Ihr aber, für wen haltet ihr mich?" (Mk 8, 29). Zur Besinnung auf diese Frage wurde unter anderem auch diese Anregung gegeben: Wenn ich Künstler wäre: Wie würde ich ihn und mich in der Beziehung zueinander darstellen?

Als ich selber in meinem Zimmer dieser Anregung nachging, kamen mir die Christusbilder in den Blick, die in meinem Zimmer sind. Jedes von ihnen hat seine Geschichte. Haben diese Christusbilder in meinem Zimmer etwas zu tun mit meiner Beziehung zu ihm? Da ist zuerst das Kreuz in meinem Zimmer. Der Corpus ist aus Elfenbein geschnitzt; eine Inschrift auf der Rückseite des schwarzen Holzkreuzes besagt, daß es 1734 geschaffen worden ist. Es ist in meiner Familie weitergegeben worden. Es hat eine starke Beziehung zu meinem Weg, zu meinem Leben. Ganz nahe, in meinem Zimmer, ist dieses Kreuz, vor dem meine Vorfahren gebetet haben; von ihnen habe ich meinen Christusglauben geerbt.

Da ist ein Christusbild, das mir vor 45 Jahren die Nachbarn meines Heimatdorfes zu meiner Priesterweihe geschenkt haben: das Emmausbild von Rembrandt. Es sagt mir immer wieder, wenn ich es anschaue: „Wo zwei oder drei in meinem Namen versammelt sind, da bin ich mitten unter ihnen" (Mt 18, 20). Und manchmal erinnert es mich in den geistlichen Gesprächen, die in meinem Zimmer geführt werden: vergiß die Beziehung zu Ihm nicht: „in meinem Namen"!

Doch von zwei anderen Christusbildern in meinem Zimmer möchte ich sprechen. Über das Persönliche hinaus können sie in der Spannung, in der sie zueinander stehen, etwas Wesentliches sagen von einer Spannung in unserer Christusbeziehung, die uns von ihm zugemutet wird. Diese beiden Bilder, die ich seit vielen Jahren in meinem Zimmer immer im Blick habe, sind: das Sigmaringer Christus-Johannes-Bild und der Christophorus von Dieric Bouts. Diese beiden Bilder, so verschieden sie sind, sagen uns in ihrem spannungsvollen Zueinander etwas von den beiden *untrennbaren* Weisen unserer Christusbeziehung aus: Kontemplation und Aktion; das Bei-ihm-Sein und das Ausgesandtsein („Und er ruft herbei, die er selber wollte..., *damit sie bei ihm seien und damit er sie aussende...*" Mk 3, 13); die Innerlichkeit und die Brüderlichkeit; Maria und Martha...

Das Bild der contemplatio

Christus-Johannes-Gruppe, Sigmaringen

Vor vielen Jahren fuhr ich mit einer kleinen Studentengruppe nach Berlin. Mein geheimes Ziel war das Christus-Johannes-Bild, das ich seit langem in Abbildungen kannte. Während der Tage in Berlin lud ich die Theologiestudenten ein, mit mir nach Dahlem zu fahren: Ich möchte ihnen dort eine Plastik zeigen, die mir viel bedeute. Als wir das Museum betraten und ich mich erkundigte, in welchem Raum das Bild zu finden sei, wurde mir gesagt, daß es gegenwärtig nicht zu besichtigen sei, da es wegen einer Überprüfung durch den Restaurator in einem Magazinraum stehe. Der Auskunftgebende muß meine tiefe Enttäuschung wahrgenommen haben, denn er fragte bei einem der leitenden Beamten unseretwegen an. Und siehe, mit großer Freundlichkeit gab man uns einen Mitarbeiter des Museums mit, damit wir unter seiner Aufsicht im Magazinraum das Bild betrachten könnten. Wohl eine halbe Stunde hatten wir Zeit, ganz ungestört in der Stille die Plastik anzuschauen; gelegentlich sagte der eine oder andere ein Wort, das ihm im Betrachten kam – es wurde zu einem unvergeßlichen Meditieren.

Manchmal, wenn ich dieses Bild anschaue, geht mir durch den Sinn: Ist diese Darstellung nicht von einer so zarten Intimität, von einer so reinen Zärtlichkeit, daß es von einer Art discretio, einer Art „Arkandiszipiln" umgeben werden sollte; daß es als ein wahres „Andachtsbild" nur dem Glaubenden und Liebenden zugänglich gemacht werden dürfte?

Die Darstellung ist entstanden in der ersten Hälfte des 14. Jahrhunderts. Es war eine Zeit mystischer Verinnerlichung, eine Zeit, in der Christus als Bräutigam der „minnekliche Sele", der liebenden Seele, gesehen wurde. Ein namenloser Künstler, der gewiß selber auch ein Mystiker war, hat aus der Darstellung des Letzten Abendmahles diese beiden Gestalten herausgelöst und zu einem selbständigen Bild gemacht. „Einer von seinen Jüngern lag an der Brust Jesu, der, den Jesus liebhatte" (Joh 13,23).

Von Christusbeziehung sprechen wir. Ist dieses Bild der Christusbeziehung nicht zu sanft, zu mild, zu „mystisch-seleninnig"?

Aber dieser Christus: Geht sein Blick in die Nacht der Passion? In das abgründige Leid, in die Finsternis der Welt? In die Nacht des Verrats und der tiefsten Einsamkeit? Über den Jünger hinweg schauend in das Schicksal der Seinen, in die Abgründe der Menschengeschichte – bis an den fernen Horizont der kommenden Welt? Hat er soeben beim Mahl das Wort gesprochen: „Mein Leib – für euch dahingegeben", das große „Für euch" seines Lebens und Sterbens?

Sieht er alle, die in den kommenden Jahrtausenden bei ihm bleiben in der Stunde der Passion, in der Stunde der Verlassenheit? „Konntet ihr nicht eine Stunde mit mir wachen?" Findet sein Blick auch mich?

Kommt sein Blick vom Vater her? Und von daher die Ruhe des Gehaltenseins und die Gebärde des Bergens? „Niemand wird sie meiner Hand entreißen." Und: „Niemand kann sie der Hand meines Vaters entreißen: Ich und der Vater sind eins!" (Joh 10,28.30). Jesus birgt den Ruhenden ganz in *diese* Wirklichkeit!

Der Jünger ruht mit seinem Haupt zum Herzen des Herrn hin. Von diesem Herzen geht etwas aus, das man nicht mit dem Verstand, sondern nur mit dem Herzen „begreifen" kann. Was hier geschieht, ist eine Vorwegnahme des Wortes Christi: „Wenn ich über die Erde erhöht bin, werde ich alle an mich ziehen." Es ist, als würde der Jünger, die „minnekliche Sele", von der Liebe des Herrn wie von einem geheimnisvollen Kraftfeld angezogen: die Gebärde des Hauptes, die Gebärde der rechten Hand, die Falten seines Gewandes.

Er scheint zu schlafen – „Ich schlafe, aber mein Herz wacht" (Hld 5, 2); es ist die Gebärde reinen Sichanvertrauens. Der Herr nimmt seine Hand in die seine, nicht festhaltend, sondern bergend, Verbundenheit schenkend und empfangend. Die andere Hand Jesu legt sich auf seine Schulter: bewahrend – vielleicht auch: Du mußt bei mir bleiben! Einer muß bei mir bleiben in der Stunde der Finsternis!

Hier ist Einheit, communio. Dieses Bild kommt ja her vom Mahl der Hingabe; das Wort Jesu: „Für euch hingegeben" darf solche Antwort des Jüngers hervorrufen. Hier ist Unbeschreibbares dargestellt, Unbeschreibbares, was nur ein Jünger „begreift"; was nur zwischen dem Herrn und einem Jünger so sein kann. „Wir waren noch nicht genug Freunde, um gemeinsam schweigen zu können" (Maxie Wander). *Hier* ist gemeinsames Schweigen möglich aus tiefster Verbundenheit!

In der „Offenbarung des Johannes" steht das geheimnisvolle Wort des erhöhten Christus: „Ich werde ihm einen weißen Stein geben, und auf dem Stein steht ein neuer Name, den nur der kennt, der ihn empfängt" (2, 17). Dieses Wort Christi sagt, daß es zwischen ihm und dem Jünger etwas Einzigartiges gibt, ein persönliches „Kennen", das von einer letzten, unvertauschbaren Intimität ist. „Es bleibt in allem das nur ihm und mir selbst bekannte Geheimnis meines Herzens: mein ‚Name'. Das ist mein und sein ureigenster Besitz. Dieses Allerletzte, was der Mensch nur mit Ihm als Geheimnis bewahrt, nenne ich ‚Jungfräulichkeit'" (F. M. Moschner): Das ist in diesem Bild!

In Joh 13, 23 lesen wir: „Einer von seinen Jüngern lag an der Brust Jesu, der, den Jesu liebte." Im Griechischen steht hier für Lieben das Wort ‚agapan'. Die Agape bezeichnet die göttliche Liebe. Aber in Joh 20, 2, wo ebenfalls das Wort steht: „der Jünger, den Jesus liebte", steht im Griechischen für Lieben das Wort ‚philein'. Dieses Wort meint die menschlich-freundschaftliche Liebe. Beides gehört zusammen.

Im Hintergrund sind Worte des Herrn im Johannesevangelium:

Ich kenne die Meinen und die Meinen kennen mich. Joh 10, 14

Bleibet in mir, ich bleibe in euch. Joh 15, 4

Vater ich will, daß dort, wo ich bin, auch die bei mir seien, die du mir gegeben hast, auf daß sie meine Herrlichkeit schauen, die du mir gegeben hast, weil du mich geliebt hast vor Grundlegung der Welt. Joh 17, 24

Das Anschauen dieses Bildes kann alle krampfhaft-militante Jüngerschaft abbauen: So ist es zuerst, wenn man wirklich Jünger ist: es will Seine Hingabe,

Seine Liebe überströmen zu mir hin. Was hier dargestellt ist, ist das Bild der contemplatio.

In einem kleinen Kreis, in dem wir im Laufe von Exerzitien dieses Bild gemeinsam meditierten, kamen solche Äußerungen:

Bin ich auf der Seite Jesu: einer, bei dem ein anderer Angenommensein finden kann?

Bin ich so, wie die Hand Jesu zeigt: den anderen annehmend und doch freilassend?

Bin ich auf der Seite des Jüngers: Kann ich mich so anvertrauen? (Nicht in der Konkretheit dieser Gebärde, aber in dem, was diese Gebärde meint?)

Habe ich je solches Angenommensein, solches Vertrauenkönnen erfahren? Kenne ich nicht vielmehr das Kontrapunktische, das ein Glaubender, Jeremia, erfahren hat:

DU!
Denk an mich
und nimm dich meiner an!
Im Kreis der Scherzenden gesessen
habe ich nie,
daß ich fröhlich geworden wäre,
unter deiner Hand einsam habe ich gesessen,
denn mit Verzweiflung hast du mich gefüllt.
Warum dauert mein Schmerz ewig,
warum ist meine Wunde so unheilbar
und will nicht gesunden?
Wie ein versiegender Bach
bist du mir geworden,
wie ein unzuverlässiges Wasser
Jer 15, 15.17–18

Betört hast du mich, DU
und ich ließ mich betören.
Gepackt hast du mich und mich überwältigt.
Jer 20, 7

Vor diesem Bild erfahre ich: Jesus: Ort meiner Freiheit!

Ich denke an dein Wort von Mechthild von Magdeburg: „Herr, zwischen dir und mir sind alle Dinge schön" (Herre, zwischent dir und mir sint alle ding schöne").

Vor diesem Bild erkenne ich: Es gibt in der Welt, die so voller Rätsel ist, etwas zutiefst Vertrauenswürdiges, Haltendes: der tiefste Grund der Welt ist Liebe. Durch alle Verhangenheit der Geschichte geht das, was dieses Bild meint, verborgen als tragender Grund mit. Alles geht, durch Leid und Rätselhaftigkeit hindurch, auf dieses Du hin, auf die ewige Liebe. „Wenn ich von der Erde erhöht bin, werde ich alles an mich ziehen." Die Mitte der Welt ist das Herz: die Ohnmacht der gekreuzigten Liebe.

Vom Geheimnis der Christusbeziehung sprechen wir. Hier, in diesem Bild, ist das Bei-ihm-Sein: „Sie blieben den Tag bei ihm" (Joh 1, 39).

In seinem Johannes-Kommentar sagt Rudolf Bultmann: „Eine direkt auf Jesus gerichtete Liebe gibt es nicht" (S. 404, 12. Aufl.). Und er verweist auf Joh 14, 15–24 („Wer meine Gebote hat und sie hält, der ist es, der mich liebt"). Gibt es nicht die Erfahrung, daß man Jesus lieben kann? Ihn selbst? In der Kraft österlicher Gnade?

Aber das Bei-ihm-Sein geht über in das „... daß er sie aussende zur Botschaft". Ja, je wahrhaftiger das Bei-ihm-Sein angenommen wird, um so mehr drängt seine erfahrene Nähe zum Zeugnis.

Zum Zeugnis des Wortes und des Lebens! Zur Sehnsucht, die Welt einzubeziehen in das Geheimnis Seiner Liebe.

Das Bild der actio

Dieric Bouts, Christophorus

Vor sieben Jahren hatte ich eine Reise nach München zu machen, um einen schwerkranken Freund zu besuchen. Bevor ich zu ihm gehen konnte, blieben mir noch einige Stunden Zeit, und ich beschloß, die Alte Pinakothek aufzusuchen. Vor fünf Jahrzehnten hatte ich als 21jähriger ein Jahr in München studiert und hatte bei meinen häufigen Besuchen in der Alten Pinakothek ein „Lieblingsbild" gefunden, das sich meiner Erinnerung eingeprägt hatte; das wollte ich jetzt wiedersehen: Albrecht Altdorfers Alexanderschlacht. Mir war damals wohl eine Ahnung aufgegangen von der kosmisch-archetypisch-geschichtlichen Größe dieses Gemäldes der deutschen Renaissance. Nach dem Verweilen vor diesem Bild – es heute mit neuen Augen anschauend – blieb mir noch Zeit, ein zweites Bild zu suchen. Was ich fand, war ein stilleres Bild als Altdorfers Alexanderschlacht: Christophorus von Dieric Bouts d.J. Dieses Bild nahm mich so in seinen Bann, daß ich eine der Größe des Originals entsprechende Reproduktion erwarb. Sie hängt nun in meinem Zimmer, nahe der Tür; und wenn ich meine Besucher hinausgeleite und bisweilen der Blick auf das Bild fällt, bleiben wir noch einen Augenblick stehen, und unser Gespräch findet oft noch eine kleine Fortsetzung im Anschauen dieses Bildes. Es ist der rechte Flügel eines kleinen Triptychon-Altärchens, in der 2. Hälfte des 15. Jahrhunderts entstanden, genannt: „Die Perle von Brabant". Im Mittelteil des Triptychons bringen die Drei Könige ihre Gaben zum Kind, der linke Flügel zeigt Johannes den Täufer mit dem Lamm.

Ist dieses Christophorusbild ein Christusbild? Wir sprechen vom Geheimnis der Christusbeziehung. Das aber ist in diesem Bild in einer uns berührenden Weise zur Darstellung gebracht, freilich gänzlich anders als in dem Christus-Johannes-Bild von Sigmaringen.

Christophorus erfuhr seit dem Mittelalter eine hohe Verehrung. In fast jeder Kirche war ein Bild von ihm zu finden. Die Legende erzählt von ihm, daß er, der vor der Taufe den Namen Reprobus, der Verworfene, trug, ein Riese war, der nur dem Mächtigsten auf der Welt dienen wollte. Er war einer von denen, die ihr Leben in der Macht festmachen wollen – die glauben, von der Macht her Erfüllung ihres Lebens finden zu können, mit der Macht die Lebensleere und Lebensangst besiegen zu können. Aber er erfährt, daß auch und gerade die Mächtigen Angst haben. Als er, schließlich im Dienste des Teufels stehend, sieht, daß dieser vor dem Gekreuzigten flieht, geht er auf die Suche nach Christus. Ein Einsiedler gibt ihm die Weisung, zu fasten und zu beten, so würde er Christus finden. Aber Reprobus ist kein „Kontemplativer". Da gibt der Einsiedler ihm den Rat: Diene den Menschen, die nicht über den gefährlichen Strom können! Trag sie hinüber! Als er eines Tages in einer Sturmnacht ein Kind über den Strom trägt, offenbart es sich ihm als Christus. Von dieser Stunde an heißt er Christophorus. Er erfährt das Paradox, daß nicht die Macht der Mächtigen seinem Leben Sinn und Lebenserfüllung bringt, sondern die Ohnmacht dieses Kindes: Das Kind offenbart sich als die Macht, die nichts als Liebe ist. Als Christophorus mit dem

Kind auf seiner Schulter den Strom durchschritten hat und seinen Stab in die Erde stößt, bringt dieser über Nacht Blätter und Früchte hervor: Der Lebensbaum wächst, das Leben ist fruchtbar geworden.

Es gibt Christophorusbilder, die das Durchwaten des Flusses dramatischer darstellen (z. B. von Konrad Witz). Dieses Bild ist stiller. Es liegt schon etwas vom Licht der österlichen Verwandlung auf ihm. Christophorus ist schon der Segenskraft des Kindes innegeworden, erfährt schon etwas von der Beseligung der Nähe des Kindes, erfährt schon etwas von dem: „Meine Bürde ist leicht." Die Felswände geben den Blick frei in eine Perspektive, die vom Licht überglänzt ist. Es ist, als müsse er sich nicht mehr mit aller Kraft anstrengen, das Kind zu tragen. Das Kind, das auf ihm ruht, wird zur verborgenen Kraft, in der er geht. Er schaut wie nach innen. Er geht nicht ins Licht, er ist nicht einer von denen, die „Erleuchtung" suchen, aber indem er seinen Dienst tut, indem er Menschen ans andere Ufer trägt, erfährt er, daß das Licht da ist; erfährt er, daß es gut ist, was er tut; erfährt er: „Muß ich auch wandern in finsterer Schlucht, ich fürchte kein Unheil: denn du bist bei mir, dein Stock und dein Stab geben mir Zuversicht" (Ps 23, 4); erfährt er: „Mußt du durch Ströme gehen, sie werden dich nicht überfluten" (Jes 43, 2).

Hier ist einer, der Beziehung zu Christus gewinnt, der „Kontakt" mit Christus bekommt, indem er dem mühseligen Dienst seines Alltags sich stellt: Menschen dienen, Menschen tragen! Es kann sein, daß die Last ihn bisweilen zu erdrücken scheint. Aber indem er aushält, geschieht es, daß er dessen innewird: was er sich da im buchstäblichen Sinne hat aufhalsen lassen, hat etwas mit Christus zu tun, hat etwas mit der alles besiegenden Ohnmacht der göttlichen Liebe zu tun.

Hier ist einer, dem der lastvolle Dienst seines Alltags transparent geworden ist auf Christus hin. Er flieht in seinem Dienst nicht weg in die früheren Bereiche der mächtigen Selbstbehauptung, er flieht nicht weg aus seinem Alltag in die hellen Bereiche der Erleuchtung. Er trägt Menschen hinüber ans andere Ufer.

Die „Kontemplation" dieses „Aktiven" ist: sich hinhalten dem aufgetragenen Dienst seines Alltags, dem Dienst an den Menschen, weil ihm gesagt wurde, daß er darin Christus finden werde. So erfährt er die christliche Reifung, erfährt er die österliche Verwandlung und wird zum christlichen Zeugen! Indem er tut, was er tut, wird er dessen inne, daß die Kraft dazu aus dem Geheimnis des Kindes kommt, das er trägt – und das im Grunde ihn trägt!

Zwei Bilder vom Geheimnis der Beziehung zu Christus: Immer mehr entdecke ich, wie sehr sie bei all ihrer Verschiedenheit zusammengehören.